Norse Mythology

北歐神話

神族·巨人·符文與世界之樹的冰火起源

何鵬
著

目錄

北歐宇宙的全貌：世界之樹

樹上的九個國度

世界之樹又被稱為「宇宙樹」或「乾坤樹」，樹的枝幹構成了整個世界，其支撐的世界分為三層，九個國度。

◆阿斯嘉特（Asgard）：阿薩神族（Aesir）的居所，位於世界之樹最上層，天上太陽與月亮中間。主神奧丁等都居住於此，阿斯嘉特的中央是伊達瓦爾德（Idawald）平原，也是阿薩神族商討要事之地。

◆華納海姆（Vanaheim）：華納神族（Vanir）的居所，位於西方。天地之間所有生靈的生養繁殖、海洋和風，都歸華納神族掌管。這個神族知曉許多神祕咒法。

◆亞爾夫海姆（Alfheim）：精靈的居所，又稱精靈國度，位於中土世界跟阿斯嘉特之間。精靈天生就特別美麗，且擁有極強法力。他們善於照料植物花草，喜愛光明，是溫柔善良的妖精。

◆中土世界（Midgard）：人類的居所。這裡有一座由水、火、空氣構成的彩虹橋（Bifrost），可以通往阿斯嘉特。

◆約頓海姆（Jothuheim）：巨人的居所，又稱巨人國度。從人類世界通往約頓海姆的路標是一座恐怖的「鐵森林」（Jarnvid）。

◆斯瓦塔爾海姆（Svartalfheim）：侏儒的居所，又稱黑暗原野，位於中土世界跟赫爾海姆之間。侏儒也被稱作矮人，長得醜陋矮小，但卻是擁有豐富神祕知識與強大魔法的種族，而且還是厲害的工匠，打造出許多法力強大的武器或寶物。

◆赫爾海姆（Helheim）：冥界，也稱作地獄，位於世界之樹最下層。由冥界女王海拉統治，是亡者的國度，也是冰冷多霧的永夜之國。

◆尼夫爾海姆（Niflheim）：又稱霧之國。位於無底深淵（Ginunaga，金倫加）的北邊，終年充滿濃霧，是非常寒冷的地區。

◆穆斯貝爾海姆（Muspelheim）：又稱烈焰之國。位於無底深淵的南邊，是由巨人蘇爾特爾（Sultur）守護的酷熱國度。

三個樹根

◆第一根樹根：深入阿斯嘉特，根下有烏爾德之泉（Urd，命運之泉），每日諸神會聚在泉水旁邊開會討論。此外還住著命運三女神，掌管所有人類的命運。

◆第二根樹根：深入約頓海姆，其根下有密米爾之泉（Mimir，智慧之泉），為密米爾所有。

◆第三根樹根：深入尼夫爾海姆，其樹根下有赫瓦格密爾（Hvergelmir）之泉，以及一條不斷啃食樹根的毒龍尼德霍格（Nidhogg），當牠咬斷樹根時，也是諸神的黃昏（Ragnarok）來臨之日。

神族簡介

◆奧丁（Odin）：阿薩神族領袖，獨眼，經常穿著披風，戴著帽子，出現在人間的戰場上；養了兩隻烏鴉，分別名叫慕靈（Muninn）和胡金（Huginn）；掌管戰爭、死亡、智慧、詩歌等。奧丁曾經以右眼為代價，向密米爾換取一口智慧之泉的泉水。奧丁曾經將自己獻祭給自己，用永恆之槍在身上刺了九個洞，並倒掛在世界之樹九天九夜之後，在樹下發現了盧恩符文（Rune），並獲得了大智慧。

◆芙麗嘉（Frigga）：掌管婚姻和家庭；奧丁的妻子，眾神之后；負責紡織雲彩。

◆索爾（Thor）：雷電之神，奧丁的兒子；負責掌管戰爭與農業。

◆希芙（Sif）：土地和收穫女神，索爾的妻子。

◆洛基（Loki）：惡作劇之神、火神，是一名來自約頓海姆的巨人，非阿薩神族，奧丁的結拜兄弟，擁有變形的能力。曾變形成母馬，與公馬斯瓦迪爾法利（Svadilfari）生下了斯萊普尼爾（Sleipnir，八腳馬，奧丁坐騎）。和女巨人安格爾波達（Angrboda）生下了冥后海拉、巨狼芬尼爾（Fehrir）和巨蛇耶夢加德（Jormungandr）。

◆巴德爾（Baldur）：光明之神；奧丁和英麗嘉之子，曾因洛基陷害而被孿生兄弟霍德爾殺死。巴德爾之死為諸神的黃昏揭開序幕。

◆霍德爾（Hodr）：黑暗之神；巴德爾的盲眼孿生兄弟，因洛基陷害而誤殺巴德爾。

◆凡賽堤（Forseti）：公正之神；巴德爾的兒子。

◆布拉基（Bragi）：詩詞、智慧、雄辯之神；奧丁的兒子。

◆伊登（Idun）：青春之神；布拉基的妻子；掌管讓神族永保青春的蘋果。

◆維達（Vidar）：森林之神；奧丁的兒子。住在阿斯嘉特一片廣大的森林中，是不滅的自然力之擬人化，在諸神的黃昏之後，和兄弟瓦利（Vali）成為新世界的神。

◆提爾（Tyr）：獨臂戰神；被巨狼芬尼爾咬斷一隻手。

◆海姆達爾（Heimdall）：彩虹橋的守護者；在諸神的黃昏來臨時，吹響他的號角，殺死洛基後自己也陣亡。

◆海拉（Hela）：掌管冥界的死亡女神；洛基的女兒，身體有一半如人類，另一半則腐爛猙獰。

◆尼爾德（Njord）：海洋之神，華納神族領袖，因政治聯姻而加入阿薩神族。

◆弗雷（Freyr）：豐饒、社稷之神，主司收成和天氣；尼爾德之子，出身於華納神族，和芙雷雅一起前往阿薩神族擔任人質。

◆芙雷雅（Freyja）：愛神、繁育及戰爭女神；弗雷的妹妹；和奧丁平分戰爭中的死者。

Chapter 1

冰火
創世紀

諸神與巨人的誕生

當這個世界還處於混沌和無秩序的狀態時，天與地的概念完全不存在，一切都融合和籠罩在一片黑暗無垠的濃霧中，這是個讓人迷失的太虛之境。隨著時間推移，在這片廣袤的不毛之地中央出現了一個無底深淵（Ginunaga，又稱金倫加），裡頭彌漫著寒霧和無盡的神祕。後來，在深淵中心泛著微光的地方，出現了一道名為赫瓦格密爾（Hvergelmir）的泉水。

深淵之北是「霧之國」尼夫爾海姆（Nifheim），這是一個嚴寒刺骨的冰川世界，當赫瓦格密爾的泉水流到這裡時，會被寒氣凝結成巨大的冰川。冰川日積月累地堆疊起來，變得高不可測。久而久之，冰川因堆疊太厚而無法承受自重，於是崩塌掉入深淵，發出雷鳴般的巨響。

深淵之南是「烈焰之國」穆斯貝爾海姆（Muspelheim），這裡終日烈焰焚天，且有火巨人蘇爾特爾（Surtur）鎮守於此。「冰火不相容」是亙古不變的道理，每當冰川滑落，蘇爾特爾就會揮動手上那柄赤紅炙熱、火星四射的烈焰之劍，懷著滿腔怒火劈向北方湧來的如山巨冰，不僅製造出更巨大的聲響，還將滾滾熱浪引向了北方的尼夫爾海姆。

北方冰川在南方熱風的不斷吹拂下，先融化成水，再被蒸發成水汽向上升騰。最後被四周寒氣侵襲，凝結成霜雪飄落下來。就這樣，在尼夫爾海姆寒冰和穆斯貝爾海姆熱氣的交替作用下，伴隨著水的三種形態轉換，誕生了霜巨人之祖——尤彌爾（Ymir），和一頭名為歐德姆布拉（Audhumbla）的巨大母牛。尤彌爾靠吸吮歐德姆布拉的乳汁為生，而歐德姆布拉則靠舔食寒冰下的岩鹽過活[1]。

就在歐德姆布拉舔了鹽岩的第一天，岩鹽下方居然露出一縷人的頭髮；舔到第二天，一顆長相俊美的人頭破冰而出；第三天，一個英俊魁梧的人形生物站了起來，這就是北歐諸神始祖布里（Buri）。布里一出世就不是獨自一人，因為他馬上就有了自己的兒子包爾（Borr）。而當尤彌爾沉睡時，也從自己的腋下生出了智慧巨人密米爾（Mimir）和女巨人貝斯特拉（Bestla），接著從兩腿之間生下了六頭巨人瑟洛特格彌爾（Thrudgelmir）。瑟洛特格彌爾又馬上生下了巨人貝爾格米爾（Bergelmir）。他們就是霜巨人族[2]的祖先。

由於歐德姆布拉的乳頭數量有限，而霜巨人和神族都有了自己的後代，因此無可避免地為了搶奪生存權和發展權而發動戰爭。一次戰爭後，包爾把對方陣營的女巨人貝斯特拉搶了過來。貝斯特拉看到包爾，發現比巨人族的同類好看多了，便樂不思蜀，不願回去了。這對年貌相當的神仙和巨人生下了三個孿生子，分別為長子奧丁（Odin）、次子維利（Vili）、三子菲（Ve）[3]。這下神族如虎添翼，一下就扭轉了膠著已久的戰局。祖孫三代合力打倒了霜巨人的始祖尤彌爾。尤彌爾撒手歸天時，傷口噴出了大量血液，就猶如潰堤的洪流一般氾濫成災，淹沒吞噬了他自己的許多後代，僅僅只有貝爾格米爾和少數巨人殘眾僥倖逃脫。他們逃到世界的邊緣，在極北之地建

1 根據對北歐神話的解讀，創世的地點應該是冰島。因為火山與冰原是冰島最主要的地貌特徵，而且冰島有一條深不見底的狹長裂縫，被稱為「世界的裂痕」，更符合神話中的描述。
2 北歐位於靠近北極圈的斯堪地納維亞半島，終年寒冷，因此霜巨人在神話中的地位崇高，也常常令眾神頭痛不已。
3 奧丁意為神聖；維利意為精神；菲意為意志。

立了名叫約頓海姆（Jothuheim）的王國，在那繁衍生息了一大群霜巨人，伺機復仇。

諸神建造中土世界

如此一來，諸神便成了世界的主宰，他們開始著手重建一個全新的世界，施工者是天界的阿薩神族（Aesir）[4]諸神。諸神說：「先要有海。」於是將尤彌爾的血液化作海洋，汗水化作江河湖泊，軀體作為大地，骨骼作為山脈，鬍鬚作為植物，牙齒作為岩石，把尤彌爾的顱骨懸放起來作為天穹，以其腦漿為雲層，為大地帶來雨雪霜露，並用其眉毛做成人類居住的中土世界（Midgard）的牆壁。

奧丁兄弟的誕生，讓神族勢力如虎添翼，打敗霜巨人族。

有了天就應該有擎天柱，諸神雖然個個強壯，但日後得要扮演英雄和救世主的角色，於是他們把尤彌爾屍體上最先孵化出來的四條蛆蟲變成四個強壯的矮人，讓矮人像擎天柱一樣扛著天空的四個角，分別為諾德（Nordri，北）、蘇德（Sudri，南）、奧斯特（Austri，東）、維斯特（Westri，西）。諸神還捕捉了「烈焰之國」穆斯貝爾海姆的火花，將這些大小不一的火花鑲嵌在天空，化為閃亮的星辰，諸神不僅制定了它們的運行軌跡，更讓部分星辰按一定圖案排列形成星座。其中最大的兩股火苗被造成太陽和月亮，放在金碧輝煌的六輪車上，由兩匹分別叫阿爾瓦克（Arvak，早醒者）和阿爾斯維（Alsvid，健步者）的神馬拖曳。

為了防止炙熱的太陽火焰灼傷馬匹，諸神打造了一面叫斯瓦林（Svalin）的巨盾置於車前馬後，隔開太陽和神馬；而月亮體積小、熱度低，就由一匹名為奧斯維達（Alsvider）的神馬單獨拖著。

為了壯大日夜出巡的陣仗，諸神特地選派熱情奔放的太陽女神蘇爾（Sol）駕馭太陽馬車，每當她操控太陽馬車飛馳天際時，大地上的花草樹木便在陽光下抽芽生長。月亮之神是溫文爾雅的瑪尼（Mani），夜幕降臨後，內向的他便駕駛月亮馬車駛過夜空。諸神讓前來投誠的霜巨人諾威（Norvi）之女諾特（Nott）駕馭黑色霜馬車乘，追隨在月亮馬車之後穿越天空。每天清晨她將馬車駛入車棚時，黑色霜馬的鬃毛上灑下的汗珠會結成露水落到地面上。後來諾特成了夜之女神。天狼哈提（Hati）會不時追趕日神和月神，因而有了日蝕和月蝕。

諸神為舊世界換上了新裝後，信步漫遊其間雖然感到心曠神怡，卻總覺得並未圓滿。廣袤的土地上雖然樹木蔥蘢，但除了鳥語花香外，卻沒有人來歌頌肯定眾神的功績。諸神於是取來梣木枝造成男人，榆樹枝造成女人。由奧丁賜予他們生命與靈魂，維利賦予他們情感和欲望，菲給予他們儀表和語言。然後將這對北歐的亞當夏娃安置在中土世界繁衍生息。而人類的生死、健康、

4 Aesir，在古北日爾曼語中為「擎天柱」之意。

冬天裡完成所有工程，而且不得有他人援手。如若無法完成，就要以性命作為違約金。沒想到巨人居然答應了這樣的條件，不慌不忙地開始工作了。沒多久，一堵嶄新的圍牆豎立起來，並且以奇蹟般的速度不斷增長著。若是按照這個速度下去，冬天還沒結束，巨人就會完成工作。諸神發現巨人施工之所以如此神速，是因為他有一匹叫作斯瓦迪爾法利（Svadilfari）的馬。這匹神馬晝夜無休地用神力為巨人運來一塊又一塊修築圍牆所需的巨石。

在春天降臨之前三天，巍峨的圍牆已經矗立在阿斯嘉特的四周。只要城門一建造好，整個工程便宣告完成。諸神開始緊張和後悔了，按照約定，圍牆完工時，他們要交出美麗的芙雷雅以及太陽和月亮，到時候不就天昏地暗了嗎？這時，詭計多端的洛基（Loki）想出了一條奇計，讓一籌莫展的諸神無不拍手稱絕。

洛基自己化身為一頭漂亮的小母馬，在巨人睡覺時靠近了在連夜施工的斯瓦迪爾法利。小母馬發出求偶時的低嘶聲，引動了斯瓦迪爾法利內心的欲望，牠停下工作，奔向這匹漂亮的小母馬。但洛基化身的小母馬卻向遠方跑去，將斯瓦迪爾法利騙到偏遠的地方。如此一來，巨人便無法按期完工，於是被雷神索爾（Thor）用神鎚砸爛了頭。

後來，小母馬和斯瓦迪爾法利產下了一匹混血八蹄神駒。牠長大後日行千里，遠遠超越天上人間任何一匹馬。最後，牠成了奧丁的專屬坐騎，得名斯萊普尼爾（Sleipnir）。

支撐天地萬物的世界之樹

在諸神初創天地萬物之時，尤彌爾的心臟長出了一株根深葉茂、高聳入雲的巨型梣木，健碩的枝幹支撐著整個世界，它就是北歐神話中的世界之樹，盛衰榮枯關係著世界的命運。這棵樹有三根粗大的根，分別從三股泉水處吸取水分而且連通著三層不同的世界。

第一條樹根深入阿斯嘉特的命運之泉烏爾德。烏爾德所在之處是阿薩諸神集會議事、商討重大決策的聖地。這裡還住著能透視神、魔、人、怪命運的命運三女神。

第二條樹根深入巨人之地約頓海姆的智慧之泉密米爾。這股泉水彙集了人、神、魔三界心智，由霜巨人中最睿智、最強悍的密米爾守衛。誰要是飲用了泉水，就能獲得超凡脫俗的大智慧。但要找到它非常困難，需付出極大的代價。即便是強如奧丁這樣的主神，也以付出一隻眼睛為代價，才飲到一口泉水。

世界之樹繁茂的枝葉遮蓋庇護了整個宇宙。其最高枝萊拉德（Lerad，和平給予者）籠罩著諸神居住的聖地。枝上結著能讓人返老還童的青春蘋果，除卻青春女神伊登（Idun），誰也不能摘取。枝頭還棲息著一隻老鷹，老鷹的雙眼之間又住著一隻名為維德佛尼爾（Vedfolnir）的獵鷹，牠的炯炯眼神能洞察天上人間的一切事件並稟報給奧丁。樹上還有一隻上躥下跳、名為拉塔托斯克（Ratatoskr）的小松鼠，經常挑撥獵鷹和樹下毒龍之間的關係。

第三條樹根深入冥界，樹根下就是赫瓦格密爾之泉，以及不斷啃食樹根的毒龍尼德霍格海中，以換取尼爾德家族的庇護。

起初兩個神族之間並無太大糾紛，一直井水不犯河水。因為即便是華納神族所庇護的海盜，其勇氣和力量也都是來自於阿薩諸神的賞賜；而奧丁的英靈殿（Valhalla）更吸納了不少英勇戰死的海盜亡靈。但最終，發生了一件讓阿薩諸神不能容忍的事情，導致了兩個神族之間的交戰。

衝突源於一個在中土世界遊歷、名為古爾薇格（Gullveig）的女巫。起初，中土世界人並不知道她的來歷，但由於她會各式魔法，比如能把人送到半空中與白侏儒玩耍，又有廣大神通，能透視未來、看穿過往，人們都找她預言自己的命運。她讓人們為自己搭建祠堂，修築祭壇，並在黑暗中作法。她法力高強，且對人們有求必應，導致居住在中土世界的人們的欲望不斷膨脹並漸漸迷失了自己，妄生出了各種貪念和色欲。為滿足這些私欲，人們紛紛拜倒在古爾薇格腳下，成為她的信徒。在她的縱容下，人們也變得更加懶惰、暴虐、貪淫。

眾神將女巫師古爾薇格燒為灰燼，但她每次都能再次復活。

古爾薇格見自己有了深厚的群眾基礎，便有了進入聖域權力核心的想法。她唆使信徒在諸神居住的阿斯嘉特撒野，要求與眾神平起平坐。諸神大怒，將她擒住後用長矛貫穿其身體，並把她架在火上焚燒至灰飛煙滅。但相隔幾天，她又會再度前來聖境叫陣。雖然諸神每次都能抓住她，將她銼骨揚灰，但她都能再次復活。

諸神仔細觀察了古爾薇格的魔法，發現起源於華納神族，推斷她一定跟華納神族有關。阿薩神族聚集商討，最後決定向公然挑釁的華納神族開戰。奧丁率先將他的武器永恆之槍（Gungnir）投到了華納神殿，率領阿薩神族向其宣戰。華納神族也毫不畏懼退縮，全力迎戰。戰爭持續幾天後，雙方主神都看出，此戰必然導致勢均力敵的雙方兩敗俱傷。即便某一方能在大戰中得勝，代價也將非常高昂，甚至未來如果霜巨人趁虛而入，很可能會難以抵禦。於是雙方立下誓言議和，並約定交換人質。

阿薩神族將自己陣營的海尼爾（Honir）送到了華納神族那裡，而華納神族的尼爾德和兒子弗雷及女兒芙雷雅則來到了阿薩神族這邊。奧丁也把他們納入阿薩神族高層。尼爾德和弗雷都位列十二正神，芙雷雅則位列二十四位女神，是女武神的統領。

諸神改造完舊世界之後，在阿斯嘉特論功行賞，排座次。主神奧丁分封了十二位正神，他們是：雷神索爾、戰神提爾（Tyr）、光明之神巴德爾（Baldur）、黑暗之神霍德爾（Hodr）、守護神海姆達爾（Heimdall）、復仇之神瓦利（Vali）、美神及音樂詩歌之神布拉基（Bragi）、森林之

阿薩神族推斷古爾薇格跟華納神族有著牽連，於是決定向華納神族宣戰。

神維達（Vidar）、公正之神凡賽堤（Forseti）、火神及惡作劇之神洛基、海神尼爾德和社稷之神弗雷。奧丁和十二位正神的集會場所定在阿斯嘉特的金宮（Gladsheim）。

奧丁的妻子芙麗嘉（Frigga）等二十四位女神則住在霧海之宮（Fensalir）。進入阿斯嘉特的唯一通道，是高懸在大地之上的彩虹橋（Bifrost）。此橋是由水、火和空氣構成，看上去虛幻不實，實則異常堅固。守護神海姆達爾日夜不離地負責守護彩虹橋，他的武器是一把劍和一支號角。每當眾神通過此橋時，他就用號角吹出輕柔悅耳的曲子，而一旦他吹出高亢激烈的曲子就表示報警，也是「諸神的黃昏」（Ragnarok）來臨之時。那時候曾被眾神打退的霜巨人會聯合火巨人及一切黑暗力量發動對天界的攻擊，世界末日也就在那一刻到來。

Chapter 2

主神奧丁

奧丁是阿薩神族的主神，也是知識和智慧之神。他幻化無形，以各種面目和名字出現在人間，但所有形象都萬變不離其宗，一定具備如下特徵：長袍也掩蓋不住的偉岸身材；黑色鬈髮；一隻炯炯有神的眼睛；茂密的大鬍子。奧丁手裡時刻拿著他的武器——永恆之槍。只要永恆之槍一飛出去，就能自動擊中奧丁想要對付的目標，而且永恆之槍造成的傷口是無法癒合的，除非奧丁念誦盧恩符文（Rune）[5]，再用矛尖輕觸傷口。奧丁的手臂上戴著德羅普尼爾手環（Draupnir）[6]，還能自動生出無數金環。

奧丁自殘獻祭後，把自己倒吊在世界之樹上。

追尋大智慧的奧丁

奧丁上知天文、下知地理、博古通今、神祕莫測，有超強的求知欲和創造力，為達目的，他會使用一切謀略和手段。為了獲得如此的大智慧，奧丁其實付出了極大的代價，因為只有飲用智慧之泉密米爾的泉水才能提升自己的智慧。密米爾位於極北之地約頓海姆，而要找到智慧之泉，得先通曉早已失傳的盧恩符文。為了解讀盧恩符文的意義以及獲得其所賦予的魔法和力量，奧丁用自己的永恆之槍刺傷自己，並把自己倒掛在世界之樹上，不吃不喝獻祭長達九天九夜[7]。九天九夜後，他終於發現了刻有盧恩符文的神石，也讀懂了盧恩符文背後的神祕含義，找到了智慧之泉。

守護智慧之泉的霜巨人密米爾看到奧丁前來索取泉水，便以非常平和的語氣告訴奧丁，只有將智慧之泉裝在牛角杯中飲用方能生效。而要飲用牛角杯的泉水，得用一隻眼睛作為代價。極度渴求智慧與智識的奧丁毫不猶豫，挖出自己的左眼給了密米爾。密米爾也不得不佩服奧丁的勇氣，將其眼睛沉入泉水深處，並告訴他已獲得了超越世上所有事物的智慧。奧丁雖然失去了一隻眼睛，但剩下的一隻眼睛卻因此獲得了預見未來的能力，比所有雙目健全的神都看得遠。

預見「諸神的黃昏」

奧丁在獲得無可匹敵的智慧的同時，也獲得了泉水中蘊含的過去、現在和未來的一切知識、經驗和智慧，因此，他也預見了「諸神的黃昏」這一刻的來臨。

5 一種古老的北歐符文，多用來占卜和祭祀。每個字母都有特殊魔法含義。維京戰士常常把相應的字母刻在武器上，以使武器具備更大殺傷力，並使敵人遭受更大痛苦；巫師則會把字母刻在法器上，並用獻祭者的鮮血塗抹其上，將其「啟動」；平民也會佩戴刻有盧恩字母的首飾，以免除災厄並獲得祝福。經典遊戲《暗黑破壞神》和《魔戒》系列電影中，都有盧恩符文。

6 亦有一說為戒指。

7 由於奧丁曾受倒吊之苦，因此吊刑在北歐法律中是重刑。在塔羅牌中有一張稱為「倒吊男」的牌，即是取此象徵。

「諸神的黃昏」就是諸神和整個世界的末日，等到這個時候降臨，阿薩神族會與自己創造的世界一起毀滅。

自從知道了這個預言，奧丁的心頭就蒙上了一層陰影，但他並未沮喪逃避，反而決定對抗命運，首先，他在阿斯嘉特修建了英靈殿，將人間戰死的烈士的靈魂帶到英靈殿，使其復活並訓練他們。把復活的勇士擴編到神界的軍隊中，為的就是替諸神的黃昏做準備。雖然奧丁知道厄運終不可避免，但他仍頻繁下凡，用不同分身、不同身分、不同名字，不斷在各國間挑起戰爭，召集人間的勇士，壯大神界的力量，努力增加神界在末日之戰的勝算。他就是這樣一個敢與命運抗爭、不認輸的主神。

奧丁雖然是獨眼，但只要坐在阿斯嘉特的寶座上，就可以綜覽天下事。他的寶座與其說是一張椅子，還不如說是一座巨型瞭望塔。他在寶座上綜覽寰宇，一眼就能看到天上人間的神魔人怪的一切舉動。

奧丁肩上有兩隻神鴉，一隻叫胡金（Huginn），一隻叫慕靈（Muninn）。牠們每天早出晚歸，飛向天上人間的各個角落，蒐集刺探最新的資訊和情報，並回來向奧丁彙報。奧丁坐在寶座上時，腳邊蹲伏著基利（Geri）和弗雷奇（Freki）這兩隻馴服的獵犬[8]。每次有人用獸肉獻祭時，奧丁都會用肉來餵牠們。

奧丁經常裝扮成智者、預言家或巫師到人間遊歷，如果是在和平年代，他就會身穿灰色粗布大袍，頭戴青色寬簷風帽，以低調普通的造型在人間遊歷。如果是在戰爭時期，他就會身著戎裝，頭戴鷹翅頭盔或牛角頭盔，騎著那匹快如閃電的八足神駒斯萊普尼爾，在交戰國之間巡遊。

奧丁挑起了許多國家之間的戰爭，同時還決定戰爭的勝負。到了後期，不停地在人間挑起戰爭成了他的日常工作重心——他要靠自己的力量擺脫諸神在劫難逃的結局。受到奧丁的影響，北歐人將勇敢作為自己的信條和行為準則，不勇敢的人，行為是卑賤的，思想是錯誤的，會被神拋棄，永遠無法進入英靈殿，只能墮落至冥界備受煎熬。所以古代北歐出現了眾多狂戰士和維京海盜，他們以冒險為終極目標，以勇敢為至上美德，戰死沙場就是他們的最佳歸宿[9]。

戰爭時期，奧丁會身著戎裝在交戰國間巡遊。

從人間遴選英靈戰士

每當人間交戰時，奧丁就會差遣他的侍者兼女武神（Valkyrja，又稱瓦爾基麗）們到戰場上挑選勇士的亡魂，將其魂魄束縛在她們的快馬上，再從彩虹橋帶入英靈殿。奧丁的兩個兒子會早早

8 胡金意為思想，慕靈意為記憶；基利意為貪欲，弗雷奇意為暴食。

9 古代北歐由於氣候以及當地地理條件原因，大部分人不得不出海尋找新的殖民地。當他們航行到歐洲其他地區，就會跟當地的原住民為爭取生存權和發展權而交戰。

在英靈殿守候，等迎入這些勇士後，會將其帶到奧丁的寶座前接受嘉獎。如果戰死的英靈中有諸神歷來都很欣賞的英雄，或者讓奧丁極為器重並親自安排其命運的豪傑，奧丁便會親自前去英靈殿迎接。受到奧丁這種特殊禮遇的英雄不少，甚至還曾到彩虹橋上親迎血斧王埃里克（Eric）等英雄。

能進入英靈殿的勇士被稱為英靈戰士（Einherjar），他們每天清晨起來就在英靈殿外的演武場殊死搏殺，場面之壯烈遠超過他們在人間經歷的戰鬥。在這裡，向對手表達最高敬意的方式就是打倒對方，即便是好友也絕不留情。奧丁有時也會親臨演武場參加比武。

每當黃昏用膳的號角響起，在英靈殿外遭到砍殺身亡的英靈戰士都會復活。他們在實戰練習中被砍掉的手腳和軀體，甚至飛散的血肉又會復聚成形，交戰雙方攜手而歸，準備享用奧丁每日在英靈殿中準備的盛宴。為了讓訓練了一天的英雄快速恢復體力，神殿中一位叫安德里蒙（Andhrimnir）的廚師會為他們烹飪極致美味，他每天都從一頭名為西赫林爾（Saehrimnir）的神豬身上割下肉來，放置於一口大鍋中，烹煮得奇香撲鼻，供英靈戰士們食用。夜宴結束，神豬就會再度復活。

在英靈殿宴會上，那些美得讓人心跳的瓦爾基麗們會脫去染血戰袍，換上潔白如雲的紗衣魚貫入宮，親手為勇士們奉上大盤大盤的豬肉，並將神羊乳和神鹿角上滴下的蜜露混釀的甘醇蜜酒倒入勇士們杯中，而酒杯是以勇士最痛恨的仇敵天靈蓋雕刻而成。這時，瓦爾基麗們一改馳騁疆場時冷若冰霜的肅殺表情，扭著曲線玲瓏的嬌軀穿梭在酒宴中，為勇士們奉飲，拭去他們額頭和臉頰的汗珠，隨著他們的節拍低聲，輕吟著歌頌英雄事蹟的長詩，並在勇士們高亢激昂的戰歌聲中翩翩起舞。

勇士們就這樣每天在英靈殿切磋技藝，饑啖渴飲，過著他們所能想像得到的最完美生活：白天跟最強勁的對手比武，夜晚則享受醇酒美人之福。英靈殿成了北歐勇士最嚮往的歸宿，而奧丁也成了他們最敬愛的神。

養育安格納兄弟

很久以前，冰島國王生有一對分別叫安格納（Agnar）和蓋洛德（Geirrod）的兩個王子。在安格納十歲、蓋洛德八歲那年，兄弟倆於河上泛舟捕魚時，小船從出海口被大風吹到了海上。他們在大海上隨波逐流，終於擱淺在一處海灘上。兄弟倆棄船登岸，在夜色中摸索著向內陸前進。不久，他們借宿在一戶農夫家裡，度過了冬天。

在這段期間，農夫的妻子照料年長的安格納，農夫則教育年幼的蓋洛德。夫妻二人教導兩個王子許多治國安邦的知識和為人處世的哲理。春暖花開的時候，農夫給了兄弟兩人一條小船，讓他們順風駛回自己的故鄉。這對夫妻把他們送到海邊，揮手作別。在即將啟航時，農夫把蓋洛德拉到一旁悄聲耳語，面授機宜。隨後，安格納和蓋洛德就划著槳，回到了故土。

然而，就在他們靠岸時，站在船頭的弟弟蓋洛德突然抱起船上的兩支槳，搶先躍上岸，然

化身威震四方的海盜特維斯

奧丁經常出巡或行獵，他策馬馳騁天際的同時，往往也會帶來暴風雨。為了不影響人間的耕種，他一般會避開播種與收穫的季節，盡量把狩獵時間安排在秋冬。而在奧丁出獵的時候，人們都會在田地裡留下一些成熟黑麥，作為奧丁的寶馬斯萊普尼爾的飼料。

有心追隨奧丁的人，往往能幸運地得到奧丁從半空中賞賜的獵物殘肢，如果妥善保存，隔日天亮時，殘肢就會變成一塊等體積的黃金；但如果在跟隨的過程中心懷不軌，或純粹以獲取黃金為目的，就會冒犯追隨在奧丁馬後的英靈戰士，招致詛咒和極大的厄運。

有一次，奧丁和妻子芙麗嘉鬧彆扭，因而在人間活動了相當長的一段時間。在這當中，奧丁不但徵選了許多在人間戰場上陣亡的英傑，還鎖定了以出海劫掠為生的維京人，想在這些海盜中挑選一些視死如歸的勇士。

奧丁知道，要獲取維京人信任並建立威信，最好的辦法就是成為其中一員，於是他化名為特維斯，成了一名海盜。很快的，奧丁憑藉武力成了一個小頭目，招募了大批英勇海盜追隨。奧丁英勇的氣魄、超強的戰鬥力、無與倫比和令人難以抗拒的領袖氣質令不少海盜折服，而且他施行的獎賞制度也是前所未有的優厚。後來，這些英靈戰士被問到為什麼明知跟隨奧丁難免一死，但還是不顧一切，拋棄所有加入時，這些英靈戰士大都這樣回答：

「這是一份很有前途的職業。」

「雖然同樣都是憑藉武力，但跟隨特維斯，就是很有成就感。」

「一看到特維斯我就心神一震，願意拋下自己擁有的財富、地位、朋友和下屬，決定追隨他了。」

特維斯指揮他的船隊和勇士四處掠奪，獲取了不少土地和財物，但他把戰利品都賞給了手下，畢竟他想要的不是金銀財寶，而是這些不畏懼死亡的靈魂。所以特維斯四處播撒戰爭的種子，挑起各國的戰爭，操縱敵我雙方眾多將士的命運，讓這些英雄都戰死沙場，再被瓦爾基麗們帶到英靈殿。奧丁在人間所做的一切只有一個目的，那就是把更多的英靈戰士送往英靈殿。

求娶薩迦斯女王

一段時間後，奧丁圓滿地完成了自己的招兵計畫，心裡緊繃的弦鬆了下來，想遊玩一下犒勞自己。他聽說西蘭島（Zealand）的統治者是仍然獨身的女王薩迦斯（Sagas）[10]。薩迦斯是華納神族的後裔，詩才琴藝造詣非凡，她的才華和美貌讓阿斯嘉特的女神們都黯然失色。周圍國家未婚的領主、王儲或少年英雄皆因仰慕薩迦斯的才貌，絡繹不絕地前來求親。

但身為一位擁有驚人美貌的女性，薩迦斯免不了也會有些習性，那就是極為傲慢，而且眼高於頂。當她拒絕那些看不上眼的追求者時，有時還會侮辱對方，所以很多追求者都被弄得掛不住

10 此處的薩迦斯，可能是傳說中的歷史女神薩迦（Saga）。

面子，灰頭土臉。聽聞這個消息的特維斯，好奇心和征服欲也蠢蠢欲動，發誓要征服驕傲的薩迦斯。

特維斯挑選了一些心腹勇士連夜啟航前往西蘭島。當他們抵達薩迦斯的王宮後，女王的侍從都忍不住掩面偷笑，因為她們已經見過太多次這樣的不速之客了，這次當然也等著看女王要如何捉弄特維斯。

薩迦斯一如既往，表面掛著微笑，心裡卻盤算著如何讓這個號稱「勝利之王」的特維斯在眾人面前大出洋相。要不是特維斯來得太突然，她一定會提前通知更多的達官顯貴前來赴宴，畢竟，盡可能在越多人面前給他下馬威，這樣才跟特維斯大名鼎鼎的聲名相配。

在酒席上，薩迦斯終於第一次見到了耳聞已久的特維斯。坦白說，她對這位身形偉岸、儀表堂堂的海盜頭目有很不錯的第一印象，但卻並沒有因此放棄捉弄他的想法。而特維斯看到風華絕代的薩迦斯後，眼中神采飛揚。他按捺住自己幾乎快要跳出喉嚨的心臟，心中思量著如果女王捉弄自己，應該如何應對。

薩迦斯女王在酒席上優雅地招呼僕役侍奉遠道而來的海上英雄，自己挨著特維斯坐下。酒過三巡後，特維斯對薩迦斯說：「聽說女王現在還是孤身一人？」

薩迦斯說：「還沒有機會遇到足夠優秀、讓我動心的人。」特維斯說：「我一直仰慕女王的美貌和氣質，而且這幾年在海上也算稱霸一方，只是日子久了，難免覺得孤單，此次前來，就是希望能邀請女王共度日子。」

薩迦斯說道：「我們才剛見面就提出這樣的要求，太倉卒了吧？」特維斯說：「請女王原諒我的冒昧。我之所以如此匆忙趕來，只因為想快點向妳表白。這或許會沒能讓妳來得及召集更多親友前來見證我的坦誠，但隨我前來的都是跟我出生入死的戰友，曾經見證過我在戰場上的表現，如今他們將見證我對妳的心意。而妳請來的在座賓客，想必也是妳最親近的人了，我相信他們會感受到我的真心誠意。」

薩迦斯說：「比起之前來到這裡的人，你的條件的確優秀許多。看來，他們都是給你暖場的，我拒絕他們，是為了等你前來。」接著她又想到：特維斯怎麼這麼會哄單身女性，熟練得像已婚男人一樣。就又追問一句：「你還是單身嗎？」

特維斯斬釘截鐵答道：「我在人間真的還沒結過婚。」他心想：雖然我跟芙麗嘉是結了婚，但那是在神界的事，女王啊，這點我是沒有騙妳。薩迦斯聽完此言，一反冰山美人之態，向奧丁投懷送抱，殷勤勸飲。奧丁雖然算是天上人間的豪飲之神，但這樣一杯接一杯的美酒也讓他吃不消，他酒來不拒，沒多久，精神便開始恍惚。

酒席結束，他搖晃著進了女王的臥室。但一進門就撲倒在床，像風箱一樣打著鼾睡著了。薩迦斯把他的頭髮全部剃光，並塗上松脂，然後把他裝進一個黑色大袋中，再叫手下將其送回船上。

第二天早晨，薩迦斯到大廳將仍處於宿醉中的特維斯手下喚醒，告訴他們，特維斯已經上船了，並叫他們馬上返回自己的工作崗位，以便順風啟航。眾海盜回到船上後，發現了甲板上的黑色袋子。以為是女王送給他們的禮物，誰知解開口袋後發現裡面居然是特維斯。這時特維斯酒也醒了，在眾人的圍觀下，只能用詭異的微笑掩飾自己的尷尬。眾海盜被他的反應弄得極其茫然，完全不知道昨晚大家酒醉後發生了什麼事，但礙於他的威嚴，也不敢多問。

由於薩迦斯戲弄了特維斯，因而更加得意驕橫，她還將此事編為歌謠，派人四處傳唱。這首歌也嚇走了所有追求者，畢竟，像特維斯這樣的鑽石王老五都被女王戲耍，還有誰敢去求婚呢？自此以後，恃才傲物的女王得到了期待的清靜，但隨之而來的冷清和寂寞，卻也讓女王日益消沉。少了眾多追求她的王公貴族和商界巨賈，女王也少了玩弄的對象，生活失去了重心。她這才意識到自己之前做得太過火了。特別是對特維斯，她一直心有愧疚，覺得他是所有追求者中條件最好的。雖然和其他人比起來，特維斯確實狂傲，但那也是戰功顯赫、財勢雄大的體現。雖然他少了一隻眼睛，但卻比普通人多了幾分霸氣。在他之前，沒人能讓女王看順眼；在他之後，也沒人能入女王眼。

就在女王倍感失落之時，王宮外頭來了一個乞丐，並伺機接近女王的一個僕役，攀談之間，語帶神祕地透露他在海邊樹林發現的一樁逸事。當女王的僕役被勾起好奇心時，乞丐卻開始閃爍其詞，推說這其實沒什麼。被勾起了好奇心的僕役異常心癢，只好不停地拜託乞丐：「接著說啊。你這不是吊我胃口嗎？再怎麼也得讓我聽完啊！」

乞丐於是接著說：「每逢月圓之夜，在海邊的樹林裡會有神牛交配，事後會生出一大堆的金銀珠寶。我有次目睹了神牛產下珠寶的過程，等神牛離開後，將這些珠寶帶回自己的落腳處。」乞丐說著，從懷中拿出一塊黃金作為證物，並道出自己的為難。原來他礙於自己卑微的身分，不敢親自將這些財寶拿到人前兌換，怕的就是蒙受偷盜的罪名，所以才想請僕役幫忙把財寶兌換成金錢，替自己採辦衣食，而剩下來的金錢就作為答謝僕役的酬金。僕役拍著胸口答應，並發誓守口如瓶，絕不走漏半點風聲。

祕密越重大，就越難保守。沒幾天時間，神牛產寶的事情就傳到了薩迦斯耳中。她雖對金銀珠寶毫不在意，卻對珠寶的源頭和生產過程及工藝大感興趣——她不相信神牛在交配後會產出貴重金屬。

薩迦斯將僕役叫到面前問：「聽說你有朋友目睹了神牛交配，之後能生出金銀珠寶？」僕役佯裝不知，「全知全能的女王啊，這都是外界的謠傳啊！」薩迦斯怒道：「知情不報已經有罪，現在我問你，你還刻意隱瞞，就再加上一條欺君之罪，你到時候泡在水牢裡慢慢去闢謠吧。」

僕役嚇得直磕頭，他一邊懇求女王息怒，一邊不停求饒，還交出了身上剩下的珠寶，並答應帶女王到事發現場勘察。

等到了月圓之夜，薩迦斯隨著僕役來到海邊樹林中。不過，在訛傳神牛的地方，卻什麼都沒看到，只有坐在一塊巨石上的特維斯。特維斯點頭向薩迦斯致意道：「我尊貴的女王，真是人生何處不相逢啊！妳平時都在深宮養尊處優，這次到海邊來，也是想尋寶嗎？」

誘騙琳達公主

特魯海姆王國（Trondheim）國王比林（Billing）有一位獨生愛女琳達（Rindr），雖然長得國色天香，個性卻冷若冰霜。每每有人向她求婚，她要不就是板起臉，要不就是散發出來的冰冷氣息足以讓壁爐中熊熊燃燒的火焰熄滅，無論國內或國外，幾乎沒有人敢向她求親。

琳達公主也樂得一個人自在。即便是夏季，琳達的寢宮中都冰封如故，就連最耐寒的極地植物都無法在她的寢宮周圍生長；到了呵氣成冰的冬季，當所有人都把自己包裹在嚴實的裘衣裡，待在生起爐火的房間足不出戶，琳達卻可以穿著夏裝在冰雪世界中信步，她幾乎就是冰冷的化身[11]。

特魯海姆王國不斷受到強鄰和海盜的侵襲，國王比林年老體衰，無力率軍抵禦侵略者，舉國上下也沒有能擔此重任的勇士。雖然國王沒有重男輕女的觀念，但還是想要有個兒子或女婿能率軍出征。

一天，王宮裡突然來了一位陌生人，他身穿灰色風衣，頭戴闊簷帽子掩蓋了真實面目，不過，他左眼的眼罩卻很明顯暗示來者就是奧丁假扮的特維斯。他從三命運女神之處得知自己的兒子光明之神巴德爾將被謀殺，而能手刃殺子仇人的復仇者，就是他和琳達的兒子。但別說娶琳達為妻，他們就連面都沒見過，所以奧丁得先下凡，想辦法接近琳達。

特維斯提出條件，可以替國王擊退所有敵人，並讓他們在數年內不敢再踰越國境一步，代價就是要把琳達嫁給自己。比林喜出望外，但也向對方坦承女兒孤傲的怪癖，讓他考慮後再決定。特維斯拍著胸脯說：「只要國王能信守承諾，我保證一定能打敗敵人。至於能不能獲得琳達的芳心，是我自己的事。」

特維斯在特魯海姆王國內招募了很多精兵遠赴前線。神領導的軍隊與人領導的軍隊對決，戰果可想而知。且不說奧丁永恆之槍的威力，光憑他的德羅普尼爾手環，就能為部隊增加不少攻擊和防禦力，所以特魯海姆王國軍隊所向披靡，無往不利，捷報頻傳。

特維斯班師回朝後，受到國王和臣民夾道歡迎，但慶祝凱旋的人群中，唯獨不見琳達身影。慶功宴結束後，特維斯在比林的默許下步入了琳達的冰宮，琳達當然知道特維斯這個男人的來意，於是以禮節為表象，實則以刁難為目的，請他到寒冰椅上就座，好讓他知難而退。內火極重的奧丁坐在徹骨冰冷的寒冰椅上居然泰然自若，這讓琳達暗暗驚歎。特維斯直接道明來意：「我已得到國王恩准，特來與公主完婚。」

琳達聽後大聲斥責特維斯的膽大妄為，從她口中飛出的每一個字都化作冰柱襲向特維斯，冰柱逼近特維斯時，都被其護身的炙熱氣場所融化。琳達勃然大怒，圍繞特維斯高速旋轉，從她體內透出的寒氣形成了一股旋渦包圍了特維斯。氣旋中不斷射出更多的冰刃霜箭，把特維斯全身的甲胄都撕成了碎片。然而，特維斯仰天大笑幾聲後站起身來，緩緩走近琳達。他心跳加速，血液

11 在北歐神話裡，琳達是冰凍大地或是凍原的化身。

下獨腳的森林之神維達。

Chapter 3

雷神
索爾

希芙灌醉，剃光了她的頭髮。

洛基雖貴為阿斯嘉特的十二位正神之一，卻極好惡作劇，且由於詭計多端，每每都能得手。洛基雖然敢作弄奧丁，但卻最怕索爾，當索爾找上門來，要他恢復希芙的金髮時，他也只好從命。但這比讓人死而復生還難，幸虧洛基交遊甚廣，跟三教九流都有交情，他思量一番後，來到了地下宮殿尋求解套之人，因為那裡有魔力超凡、手藝精良的黑侏儒。

無論敵人距離多遠，如何躲閃，雷神之鎚都能命中目標。

洛基造訪了黑侏儒中的佼佼者杜瓦林（Dvalin）。杜瓦林熱情地接待了這尊不速之客，一來是害怕他使出花招作弄自己，二來是洛基居然會想要求他，令他大為好奇。

洛基說道：「你能幫我造出幾可亂真、安在頭上就能生根並自然生長的人工金髮嗎？」杜瓦林哈哈一笑回道：「這有何難？」然後馬上開爐生火，用高溫加熱金塊後，念著魔咒將其拉成細絲。為了讓洛基心服口服，他又打鐵趁熱製作了兩件寶物：一艘可摺疊並變換大小的斯基德普拉特尼神船（Skidbladnir）；一把名為永恆之槍、可自動追擊敵人的長矛。

洛基拿到三件寶物後，故意對圍觀人群說：「你們看，多精細的工藝啊！我敢打賭，這世上再沒有誰有這樣的巧手妙心了。」他之所以這樣說，是為了刺激人群中的布魯克（Brock），他的哥哥辛德里（Sindri）也是地下城中手藝數一數二的人。

布魯克聽後很不服氣，嚷道：「我願意用項上人頭打賭，我大哥辛德里能打造出比這些更神奇的寶物。」洛基聽完此言，隨即和布魯克一起來到辛德里面前發誓，等辛德里完工後，他們會將兩位工匠的作品拿到阿斯嘉特，讓諸神投票評選寶物。如果辛德里打造出超越杜瓦林的寶物，布魯克可帶走洛基的人頭；如果辛德里的寶物落選，洛基則可把布魯克的人頭留下。

事關家族榮譽，辛德里看見弟弟跟外人打賭，當然一口答應下來，並馬上動工。

辛德里把金塊投入火爐中，叮囑布魯克要不停拉動風箱，「為了保持爐溫，風箱千萬不能停，如果爐內溫度降低，打造出來的寶物就會變成次級品了。」布魯克滿口答應。

聽著風箱匡噹作響，看著布魯克專注自信的神情，洛基不由得擔心他們真的會做出更好的寶物。於是找藉口溜出去，變成一隻巨型牛虻，飛到布魯克正在拉動風箱的手上叮咬。但布魯克謹記大哥的吩咐，忍著疼痛繼續拉著風箱。辛德里在外頭作法完畢後，從爐中取出了德羅普尼爾手環，每隔九天，就會自我複製、分裂出幾只金環。

接著，辛德里把金塊和豬皮綁在一起投入爐中，同時叮囑弟弟，這次不僅不能在拉風箱時停手，還不能分神減緩速度，接著又走出去為寶物作法。

辛德里剛出門，那隻牛虻又飛了過來，停在布魯克臉上使盡吃奶的勁叮咬。布魯克痛得減緩了速度，但卻沒有停手。等辛德里回來，打開爐門，裡面跳出了一隻碩大的野豬（Gullinbursti，又稱金鬃）。野豬身上帶著金鬃可以在空中和水裡飛速奔跑，是一頭絕佳的坐騎，但由於布魯克中途分神，讓金豬有個小缺陷：無法繁育。

洛基見自己輸了，慌忙表示願意獻出所有財寶給布魯克，好保住自己的頭顱。但布魯克哪肯答應，先前洛基的狂妄和蔑視已讓他怒火萬丈，後來又用卑劣手段破壞競賽的公平性，還讓他差點瞎了一隻眼，所以他一定要提洛基的頭回地下城。洛基見布魯克不答應，馬上耍賴，隱身飛走了。

布魯克見狀破口大罵，「我看啊，野蠻的霜巨人都比你們神界言而有信。」

索爾這種愛面子的神，既聽不慣別人貶低神界，也看不慣洛基公然在神聖的阿斯嘉特毀約。他用閃電般的速度追上洛基，帶回布魯克面前，並把洛基教他說的話在布魯克面前講了一遍，「按照誓約，你可以帶走洛基的頭，但不能傷到他的脖子。」原來，這種鑽漏洞的行為早已有之[15]。

布魯克沒察覺，一頭掉進了洛基設好的圈套。他想，也被允許帶走洛基的頭，但卻無法割下。布魯克氣急敗壞之下，持刀要將洛基這惹禍之口割成碎片，但那嘴唇竟刀切不動。布魯克又拿出附著了魔法的骨針和鐵絲，縫住了洛基的嘴，讓他無法搬弄是非。就這樣，黑侏儒和眾神間又多了一筆冤仇。

後來，洛基消除了鐵絲上的魔法，剪斷了鐵絲，又開始使用各種手段陷害其他人，想出許多壞點子餿主意。但帶有魔法的鐵絲卻讓他破了相，從此在洛基嘴邊留下了一圈疤痕。

討伐霜巨人國度

居住在極北之地的霜巨人，不時將刺骨寒流颳送到人類居住的中土世界，使得穀物歉收，家畜凍斃。有一天，索爾吩咐詭計多端的洛基前往霜巨人聚居的約頓海姆，準備給那些巨人一點顏色看看，要他們老實點。他想，憑自己的神力和洛基的智力，一定能收拾目中無神的巨人。於是索爾駕駛他的雙羊戰車一路飛馳到了約頓海姆邊界，而好動的洛基被憋了許久，也想活動活動。

他們好不容易找到一戶人家投宿。一位農夫熱情款待這兩位微服出巡的神。但這兩位神的食量太大了，很快就吃完了所有食物。只吃了個半飽的索爾只好把拉車的神羊牽出來殺掉，讓農夫燒好端上桌，然後請農夫一家四口一起享用。吃羊肉之前，索爾將兩張羊皮鋪在地上，要所有人將羊骨全都放在羊皮上，千萬不能損壞。惡作劇成性的洛基唆使農夫的兒子瑟亞非（Thialfi）偷偷將一根羊骨折斷，並將骨髓吸食乾淨。瑟亞非因此得到了神羊超強的耐力。

索爾是諸神中唯一不騎馬的神，他的戰車由兩隻公羊拉動。

15 後來丹麥入侵英國，把這個故事帶到了英國，於是莎士比亞的《威尼斯商人》中就有了類似情節。

得緊緊的。脹紅了臉的索爾覺得丟臉，舉起手中的雷神之鎚對著斯克里米爾的頭狠狠砸了下去。

沒想到，斯克里米爾用手摸了一下頭，瞇著睡眼問索爾，「剛才是什麼東西掉在我頭上了？樹葉還是雨點？你吃過晚飯了嗎？怎麼還不睡覺？」索爾哪好意思說自己因為解不開繩結而沒吃晚飯，只好打腫臉充胖子地說：「啊，剛才吃太飽睡不著，活動一下再睡。啊，時間差不多了，我也要睡了。」於是就睡在另一棵橡樹下。

索爾想起剛才丟臉的事，翻來覆去睡不著。這時候，斯克里米爾又打起了雷鼾，索爾聽著震耳欲聾的鼾聲，忍無可忍，又走到斯克里米爾身邊，用盡全力把雷神之鎚往他的頭砸去。誰知道，巨人抓了一下頭髮迷迷糊糊地說：「哪來的鳥往我頭上大便啊？索爾你反正還沒睡，幫我趕一下鳥。」然後翻個身就又睡著了。

雷神用巨鎚砸了斯克里米爾一下，但對方毫髮無傷，還以為自己是被橡樹子打到了頭。

索爾大吃一驚，眼前只有一個巨人就這麼難搞了，明天若是到巨人的城堡，怎麼可能還有勝算？思索片刻後，他決定先把眼前的巨人處理掉。如果這個巨人比明天城堡裡的巨人強大，就等於為明天的戰鬥剷除了一個強敵；如果城堡裡面的巨人更強大，就當是為以後跟巨人戰鬥熱身就行了。

他面對巨人向後退，算準距離衝了過去，然後在接近巨人時高高躍起，利用重力加速度將雷神之鎚砸向巨人。索爾感覺雷神之鎚已經深深陷進巨人的頭顱，這個巨無霸應該一命嗚呼了，但巨人卻只輕哼了一聲，若無其事地伸了個懶腰坐起來，撓著頭嘀咕道：「剛才是橡樹子掉在我頭上了嗎？哇，天都要亮了，走吧，一起去烏特加德堡吧。」

斯克里米爾在路上對索爾說：「你們說我身材高大，超過你們以前見過的巨人，但我的身材在烏特加德堡裡還算矮小的。雖然我們志不同道不合，但奉勸你們，到時候不要在堡主羅契（Utgarda-Loki）面前自恃過甚。好了，我要向北了，你們一直向東就可到達烏特加德堡。」言畢他就朝北大踏步而去。

與巨人堡主羅契的較量

索爾一行沿著斯克里米爾指引的方向一直往東，中午時分，他們看到了一片大冰原，中央有座由冰雪砌成的城堡，城堡高聳入雲。索爾讓另外三人盡量貼近自己，然後用魔法護體，踩著萬年冰川來到城門前。緊閉的城門被冰封著，索爾多次敲門也無人應答，只好用力推門。結果，就算是施展出全部神力，脹紅了臉，城門還是文風不動。索爾用手融化了門縫間的冰，他們才得以從門縫進了城。

城門後聳立著一座冰雕宮殿。索爾帶頭昂然直入，毫不顧忌宮殿內兩旁座位上的巨人，直接向寶座上的巨人國王羅契走去，不卑不亢地問候。但羅契態度傲慢，既不回禮，也不答話，甚至不拿正眼瞧他們，隔了好一會，才抬了抬手，算是向他們致意，接著冷淡地道：「你們的來意和路上的經過不用說了，我也不想聽。」他輕蔑地看了一眼索爾道：「拿鎚子的紅鬍子是雷神索爾吧？還好，沒我想像的那麼虛弱。」這時，備受冷落的洛基忍不住高聲嚷道：「天底下哪有貴國這樣的待客之道？讓遠道而來的客人餓著肚子站在這裡，也不準備點吃的。我其他本事沒有，就是很能吃，而且吃得很快。你們中有沒有人要跟我來一場大胃王對決啊？」

雷神一行人進入霜巨人的城堡，面對巨人國國王羅契。

「哦？爽快！」羅契馬上讓手下準備比賽事宜，並叫城堡中食量最大的羅吉（Logi）出來應戰。

不久，羅契的僕人抬了一具很長的食器出來，並在其中堆滿了食物。洛基和羅吉分別在食槽的兩頭開吃，然後在中間碰頭。誰吃得多，吃得快，就獲勝。洛基和羅吉俯下身開始狼吞虎嚥。他們就像兩個吸塵器，迅速清空了眼前的食物，最後在食器正中間碰了頭。表面上兩人好似平分秋色，但仔細一看，洛基雖然吃光了食槽中的食物，但留下了肉中的骨頭；而羅吉不僅連骨帶肉吃完，而且將食器中的湯湯水水，甚至食器本身都吃下了肚。無可否認，洛基略遜一籌。「真不愧是嬌生慣養的人當中吃最快的人！」羅契一句話讓洛基無地自容。

獲勝的羅契對著瑟亞非努了努嘴，「這個小鬼有沒有特殊才藝要表演一下啊？」瑟亞非吸食了神羊骨髓後，腳力剛勁敏捷，矯健無比，便揚聲答道：「我是雷神新收的僕役，只是腿腳靈便而已，不知可否值得一比？」

「哦？原來也是個追求速度的人。我倒想看看你有多快。」羅契站起來，帶領大家走出城門，來到那片廣袤無垠的冰原上。他招來一個尚未成年的小巨人胡吉（Hugi）跟瑟亞非比賽，「你們兩個比一比，看誰能最快從城門跑到冰原盡頭。」

遺憾的是，當瑟亞非跑到冰原盡頭時，胡吉早已跑回來了。羅契對著索爾說道：「閣下揚名天下，在神界也算是盡領風騷的天之驕子。還有沒有什麼奇能異技證明閣下並非浪得虛名啊？」索爾雖然脾氣火爆剛烈，但卻不愛在人面前自我誇耀。面對狂妄囂張的羅契，他淡然笑道：「所謂的天之驕子之名，不是靠炫技所得，而是以保衛自己的家園和信徒為職責，哪怕是遭遇失敗，我都不會忘記這一初衷。在下遠道而來，乾渴難耐，可否借堡中杯子痛飲一番啊？」索爾一番話讓羅契心生幾分敬意，他叫人拿了一只盛滿酒水的牛角杯遞給索爾。

索爾接過來仰頭就喝，但杯中的酒居然源源不斷地流入口中，他只得停下來，端平酒杯，看自己喝了多少。一看之下不禁奇怪，杯中的液面居然只下降了一點點，肉眼幾乎看不出來。這時羅契笑道：「阿薩諸神中最善飲的索爾居然連一杯酒也喝不完。第二口應該能一飲而盡了吧？」

索爾不理會羅契的冷嘲熱諷，知道不能意氣用事，於是將酒杯還回去。他心想，如果巨人們真的這樣強大，就憑他們的野心，怎麼還會老老實實地待在這天寒地凍的北極圈內受苦？不是早就該造反了嗎？估計巨人們可能都是紙老虎，索爾決定展現自己的實力，捲起袖子，「閣下還想從我這裡見識什麼？儘管說。」羅契笑道：「好！爽快！既然你沒我們高，我們就來玩一個小個子玩的遊戲。看你能不能將我養的大貓提離地面。」正說著，一隻灰色的大貓躥到了索爾腳邊。索爾將手放到貓肚子下，準備將牠托離地面。但這貓順著索爾使力的方向把背往上弓。索爾手舉多高，貓就把腰弓多高，索爾使盡全力也只讓牠一隻腳抬了一下。「看來你的力氣就跟你的個子一樣小。」羅契道。索爾怒道：「誰敢跟我用角力一決高下？」「哈哈，角力？」羅契大笑，「別說我欺負你，我幫你安排一位實力跟你差不多的對手。如果你能勝過她，我們還是尊你為英雄。」

羅契又找來一位老婦人，並提醒索爾，「別看她老態龍鍾，我可親眼見過她把很多年輕力壯的小夥子給摔趴下了。」索爾用手抓住對手的腰，想把她摔倒。但無論索爾怎麼使力，老奶媽都穩如泰山。而當奶媽一發力，索爾用盡全身力量都無法抵擋。他死命擋著，不讓對方摔倒他，這時羅契過來將二人分開道：「別比了，不然吃虧的是你。現在天色已晚，不妨在這裡享用些酒菜，稍事歇息。明日送諸位出境。至於以後是敵是友，那就再說吧。」

於是羅契下令大設宴席，大家摒除分歧，飲酒作樂，賓主盡興。翌日一早，索爾一行向羅契辭別，準備返回阿斯嘉特。臨行前，羅契問索爾，「你們在路上有沒有碰到奇人異事？」「此次拜訪雖丟盡了顏面，但也開了不少眼界。」索爾從來都是直言不諱，「雖然我知道你們很強，但我並不會就此怕了你們。如果雙方交戰，你切莫因為我身形小而輕視我，我絕對不會心慈手軟，到時候你們會付出沉重的代價。」

羅契沉思了一會兒，決定向這位敵人透露巨人所有不為外界所知的祕密，「諸位不會再故地重遊。既然無緣再會，我也無需隱瞞真相。實不相瞞，在下認為閣下的神勇和法力舉世無雙。而我們不過是靠遮人耳目的障眼法在較技中僥倖佔得上風而已。你們到達我國邊境時我就知道了你們的來意。於是我使用了障眼法，讓你們在黑森林中跟我的化身，也就是斯克里米爾相遇。從那之後，你們就一直陷入我的法術中，只不過你們不知道罷了。

「首先，我用法術封住了行李之口讓你們無法解開。後來你揮動巨鎚，砸了我三次，要真是砸在我頭上，我定會命喪當場。好在我動用了魔法，將你巨鎚擊打之力轉移到其他地方，才得以保全性命。如果你們沿原路返回，定會看到當日宿營處一塊巨石上的三個大坑。

「你們在我城堡中較技，我同樣以障眼法來取勝。第一場比賽，洛基狼吞虎嚥，我約頓海姆舉國上下真沒有誰的進食速度能超過他。但跟他比賽的羅吉並非普通巨人，而是玉石俱焚的火。所以他不僅能連骨帶肉一起吞食，連食器也一併吞下了。

「第二場與瑟亞非比試腳力的是胡吉（思想）。一念之間，思緒可飛越千山萬水。世間有什麼東西的速度能快過思緒呢？

「第三場比賽，你手中的牛角杯看似普通，但角尖連著大海。杯中之酒其實就是海水，所以是不可能喝完的。你到了海邊就會發現，在你喝了三口後，連海平面都下降了些許。這樣的海量

這樣的巨釜，我當然可以設宴款待眾神。」

伊吉爾提出的這項要求是個一箭三雕的絕妙方法：一來可以看看阿薩諸神是否值得結盟；二來巨釜屬於在他領海裡捕魚卻不交管理費的巨人希米爾（Hymir）之物，讓阿薩諸神取釜，必會與希米爾相爭，可以趁機除掉希米爾；三來如果阿薩諸神拿不到巨釜，自己當然就可推掉對方這樣幾近敲詐的請求。

正當阿薩諸神不知道去何處尋找巨釜時，戰神提爾說道：「這片汪洋的東邊住著威猛無比的巨人希米爾，他是我的外祖父。我知道他有一口巨釜，裡面所釀之酒飲之不盡。不知海神是否需要這口巨釜才肯設宴啊？」伊吉爾聞言笑道：「沒錯！只要有了它，宴飲之事就由我一人操辦。」

奧丁命索爾和提爾宴會結束後馬上去取巨釜。在路上，索爾問弟弟提爾，「你說我們有辦法取回這東西嗎？」提爾答道：「我們不能為了取得巨釜而傷害我的外祖父，只能智取，不能力奪。」片刻，索爾神速的雙羊銅車就將他們帶到了希米爾的莊園前。

二人一下車就遇到了提爾的外祖母，提爾心裡頭是不喜歡外祖母的，因為她長了一百顆頭，每顆頭都會說話，而且時常爭吵，導致提爾不知道該跟哪顆頭說話。就在提爾向外祖母問好後，這一百顆頭立刻吵了起來。

「提爾，我真是想念你啊。」

「別自作多情，他剛才是在向我問好。」

「妳的眼睛和頭都長在我背後，怎麼可能看得見他向妳問好？」

提爾痛苦地閉上眼睛，捂住耳朵。而索爾第一次見此情景，更是幾近崩潰。等這一百顆頭吵夠了，她們才異口同聲喊道：「寶貝女兒，妳的乖兒子回來了。」一個女巨人聞訊從屋內飛奔出來——她就是提爾的母親斯嘉蒂——一下子就把提爾抱離地面叫道：「這麼久沒見，是不是早就忘了你的母親呢？」等她看到同來的索爾，才趕緊把兒子放下來，然後拿出酒菜招待兒子和索爾，「趁希米爾還沒回來，快吃點東西。」提爾說：「別急，我們這次不急著走。妳得把外祖父的巨釜借給我。」斯嘉蒂聽說兒子不急著走，喜出望外，「太好了，你就多待幾天吧。借釜肯定是你父親的主意。當初認識他而生下了你，你外祖父一直都對他心懷不滿。」

提爾也明白，奧丁不願親自前來，就是因為跟希米爾有矛盾。希米爾認為，處處留情的奧丁勾引了女兒，還讓她生下了孩子，因而對他懷有刻骨仇恨。但斯嘉蒂不忍心拒絕兒子的請求，說道：「你外祖父以前為人和善，但自從我認識了你父親以後，他變了很多，現在不僅為人吝嗇，跟人說話總是惡聲惡氣。他總認為，其他人會像當年你父親得到我那樣，搶走他的東西。對了，他馬上就要回來了，如果看到你們，一定會很生氣。你們先藏到他的寶貝酒釜後面。等到時機合適，我再叫你們。」為達目的，兩位阿薩神族就像小偷一樣躲在酒釜後，直到他倆快睡著了，希米爾才回到家。斯嘉蒂見父親回家，就迎上去替他撣去身上的冰霜，問道：「想不想聽好消息？」

「你把奧丁五花大綁送到我面前才是好消息。讓我扎扎實實、痛痛快快地揍他一頓，比什麼都高興。」希米爾哼道。

斯嘉蒂說：「我兒子來看我們了，你可別嚇到他啊，他住那麼遠，我很難得見他一面。他還帶了一位友善的朋友來拜訪我們。」

希米爾怒道：「這叫什麼好消息？還不是來騙吃騙喝？」

斯嘉蒂知道，希米爾發怒後，一眼看到的物體會被他那熾熱如炬的目光洞穿，就聲東擊西地對著牆角努了努嘴說：「他們在那根柱子後面。」希米爾對著柱子瞪了一眼，石柱就被擊穿了一個大洞。這時，斯嘉蒂才讓兩位阿薩神從酒釜後現身。老巨人用他那已經不再熾熱的眼睛盯著他們，對方向他問好致意，他也視而不見。

晚飯時，斯嘉蒂為大家準備了三頭燉熟的牛。為了不在希米爾面前示弱，索爾故意說自己本來食量最大，但由於不能吃牛肉，所以不用浪費這麼多牛肉，便施展法術，使其中兩頭煮熟的牛復活。希米爾見狀又喜又惱，喜的是省了兩頭牛，惱的是這客人著實嘴刁挑食。另一方面，他也對索爾的魔法心存畏懼，於是說道：「招待你這種客人還真不容易，既然你是客人，身為主人的我也不能讓你餓著，等我明天到海上抓些合你胃口的東西。」

索爾說：「你不知道我喜歡吃什麼，明天就讓我跟你一起出海吧。」希米爾怕索爾幫倒忙，就說：「我要航行到深海之上，那裡狂風巨浪，怕你暈船。」聽到有人小看自己，索爾很不服氣，「誰先暈船還說不定呢！你只要給我魚餌，我也可以釣魚。」希米爾說：「明早你自己到我牛群中找魚餌吧。」第二天凌晨，在希米爾為出海抓魚做準備的同時，索爾則到牛群中尋找魚餌。他選中一頭渾身漆黑、體型超大的牛，潛行過去，抓住牠的兩隻牛角，奮力一扭，扭下了牛頭，提到了希米爾船上。

希米爾看見索爾手中的黑牛頭大吃一驚，「你怎麼偏偏挑中這頭牛！牠是由污穢邪惡的腐屍氣息凝結而成，用牠當魚餌，只會引來盤踞在海底的耶夢加德大蛇，到時候我們就麻煩了。」

在古籍中試著釣起耶夢加德的索爾。

但索爾不理會警告，自己搖槳直往深海划去。在希米爾面前顯示了自己的耐力後，索爾才停了下來。這時希米爾開始釣魚了，他的魚線粗如嬰兒手臂，魚鉤大如船錨。釣的其實也是鯨魚這樣的巨物。僅僅片刻工夫，希米爾就釣上了幾條巨鯨。而索爾則將黑牛頭綁在魚鉤上，拋入了海中。

黑牛頭獨有的血腥味讓海底的耶夢加德胃口大開，牠一口就咬住了這個惡臭撲鼻的誘餌，但也立即被猶如船錨般大的巨型魚餌鉤住了嘴，痛得拚命掙扎。大蛇反抗的力道幾乎將索爾拖下海。索爾踏穩船底，發足神力，才將大蛇的頭拉出了水面。大蛇拚命掙扎，激起了滔天巨浪，希米爾的船就像風中的蠟燭一樣岌岌可危。如果大蛇完全被拉出海面，大地就會在顫抖中覆滅。見多了大風大浪的希米爾看到這翻江倒海的情景，也不由得膽戰心驚。

這時，索爾慢慢將蛇頭拖到船邊，正當要舉起雷神之鎚砸過去，希米爾趕緊舉起屠鯨刀，砍斷了勒在船舷上的魚繩，大蛇這才趁機帶著魚鉤沉入海底。索爾見希米爾在最後關頭壞了好事，一時怒火攻心，一拳打在老巨人頭上，然後提起他的腳踝，將他頭朝下地浸在凜冽刺骨的海水中，等火氣消了才提上船。

返航途中，希米爾一直陰沉著臉生悶氣。上岸時，捕獲了好幾條巨鯨的希米爾對索爾說：「你有本事就把船拖上岸，再把捕獲的巨鯨都背回去。」只見索爾一手抓住船舷，一手托住船底，連同船上的獵物一起扛在肩上，走回了希米爾的院子。

晚飯時，希米爾又開始找索爾的碴，「划船快，能釣大蛇，扛起我的漁船和獵物有什麼了不起？」他拍了拍手中裝酒的巨觥，「有本事就把它砸碎。」索爾不由分說，奪過巨觥就往地上摔去，凍土被砸出了一個深坑，但巨觥絲毫無損；索爾再揮拳猛砸，它還是不碎；他又奮力把巨觥擲向巨石雕成的廊柱，柱子被打穿了，巨觥依然完好無損。希米爾笑得前翻後仰，好不得意。

這時，提爾的母親過去低聲對索爾耳語了一番。索爾走到仍在大笑不止的希米爾面前問道：「給你一個選擇題，你答出來我們馬上就消失。請問，你的頭和你的酒觥，哪個硬？」「這巨觥是我年輕時以自己的頭當刻刀，在極地隕石上鑿出來的。當然是我的頭硬了。」

索爾聽完，掄圓了胳膊把酒觥向希米爾頭上砸去。頓時火星四濺，灰塵彌漫，其中還夾雜著一聲慘叫。塵埃落定後，索爾發現碎的是酒觥而不是希米爾的頭。希米爾正蹲在地上撿酒觥碎片，還老淚縱橫地號叫起來，「完了，我的酒觥不見了。以後我用什麼東西來盛酒啊？」

哀歎了一陣，希米爾不耐煩地揮了揮手道：「沒了酒觥，還要這酒釜何用？算了算了！你們這兩個災星立刻消失在我面前，順便把這酒釜抬出去扔掉。反正我也用不著了。」如此輕易拿到巨釜，索爾大喜過望，忙跑去搬巨釜，但他用了九牛二虎之力都無法抬起來，於是用雙手抓住巨釜邊緣，猛一用力，將巨釜舉過頭頂。但由於用力過猛，雙腳深陷地裡，巨釜像帽子一樣倒扣過來，把他整個人從頭到腳罩了起來，釜緣直垂到腳踝。

怕希米爾改變主意追回巨釜，索爾索性頂著巨釜，倉皇向外跑去。才跑沒多遠，就有很多巨人追上來了。提爾只好負責斷後，與自己的巨人親戚們打帶跑。等索爾扛著巨釜上了雙羊銅車後，他也跳上車，離開了外祖父的家。

最後，索爾與提爾順利取來巨釜，伊吉爾也不得不兌現諾言，每年設宴，讓阿薩諸神在他的大廳豪飲巨釜中釀出的蜜酒。

教訓自大的巨人赫朗格尼爾

霜巨人赫朗格尼爾（Hrungnir）有匹寶馬古爾法克西（Gullfaxi），常在比賽中拔得頭籌，這使他開始目中無人，不時誇耀除卻此馬，別無良駒。一天，奧丁騎著斯萊普尼爾在空中趕路，正好被狂妄的赫朗格尼爾瞧見。他指著奧丁喝斥，「你是什麼人？怎麼騎著馬在我頭上飛？」他剛說完，就看到了斯萊普尼爾，還未等奧丁回答就驚道：「你的馬倒是比你這個人神氣多了。」奧丁便有意逗他道：「那當然了，你們巨人國無論如何也找不出比牠更快速的馬了。」赫朗格尼爾不服氣地答道：「那我倒要跟你比一比。」「來啊，你若追得到我，我就請你參加宴會。」奧丁說完就策馬狂奔。赫朗格尼爾翻身躍上古爾法克西，直追奧丁。但奧丁的馬越跑越快，把赫朗格尼爾越甩越遠。好勝心極強的赫朗格尼爾急得只顧著俯身貼伏在馬背上，緊追不捨，卻忘了注意對方的行進方向。

他越過了彩虹橋，穿過了阿斯嘉特的大門，看見奧丁已經下了馬站在英靈殿等他。這時候，赫朗格尼爾才知道自己闖入了世敵的地盤。但赫朗格尼爾毫無畏懼之色，反而翻身下馬，大模大樣地扠著腰，站在阿斯嘉特的土地上，氣定神閒地欣賞景色。

儘管赫朗格尼爾輸了賽馬，但卻贏了氣勢。阿薩諸神非常欣賞他的膽色與氣度，破天荒地熱情邀請這個死對頭一起宴飲。赫朗格尼爾毫不畏懼地接受了邀請，隨著諸神來到宴會大廳後就不客氣地吃喝起來。阿薩諸神將赫朗格尼爾當成貴賓，禮數周全地款待他，不停為他添菜奉酒，赫朗格尼爾自然也是酒來杯乾。

但赫朗格尼爾並非阿薩諸神所想像的那種品行端正的客人。幾杯黃湯下肚後，這個巨人便有些得意忘形，竟然舉著空杯朝眾神呼來喝去，「倒酒！倒酒！在眾神的居所阿斯嘉特居然讓客人杯中無酒，真是徒有虛名。」赫朗格尼爾的狂妄本性隨著酒勁的上湧顯露無遺，開始口無遮攔起來，「這英靈殿很豪華嘛，到時候我要把它搬到我們巨人的家園去。至於其他一無是處的建築，我會一併拆掉，在座的諸位對我禮數如此不周，留著也沒用，乾脆都殺掉。」

起初，眾神只是把他當成一個酒後失言的醉漢，哪怕越講越不像話，也不把他的話放在心上。但赫朗格尼爾居然出言調戲愛神芙麗嘉和索爾的妻子希芙，而且這一幕正好被索爾看到，索爾怒斥，「要不是眾神當初建造這裡時，立誓不能讓此地染上鮮血，不然我會馬上砍下你的頭。」索爾知道在阿斯嘉特聖地是永不許流血的，即便是仇人之血也不行，否則殺無赦。

當赫朗格尼爾看清面前之人是巨人剋星雷神索爾時，酒已醒了大半。雖然他已被雷神的氣勢嚇得渾身都軟了，但還是嘴硬說道：「這裡的主人奧丁都沒有站出來說話，你在我面前嚷嚷什麼？不懂規矩！」索爾怒道：「不需要他開口，我就可以殺了你。」赫朗格尼爾有恃無恐地說：「奧丁請我來喝酒，我就是客人，你卻想殺我。這就是你們的待客之道？有本事就來啊！」

索爾氣得暴跳如雷，罵道：「你這個無賴！我就讓你再多活三天！三天後，我沒砸爛你的頭，就自貶為凡人！」

赫朗格尼爾回去後，在一干巨人面前把自己如何羞辱諸神、挑釁索爾的事情添油加醋地大肆渲染一番，族人們聽聞後無不拍手叫好。雖然如此，赫朗格尼爾也不敢掉以輕心。他知道雷神的厲害，曉得自己與族人若是跟阿薩諸神比起來，還是有差距的，否則也不會龜縮在北極圈不敢與其對抗，他召集族人商量決戰對策。最後，他們用泥土塑了一個身型巨大的巨人，將一顆馬的心臟置於其胸腔內，再用魔法賦予這個巨人生命，打算用這個泥人對付索爾的隨從瑟亞非。泥人雖然高大剽悍，但心臟太小，很難靈活控制粗壯的四肢。

到了決戰那天，赫朗格尼爾提著他那面厚重結實、可護住半身的巨盾，扛著他那如擎天之柱般的大棒，帶著泥巨人到了決戰之地。索爾的急先鋒瑟亞非疾馳而來，老遠就衝著赫朗格尼爾喊道：「你這巨盾看上去結實，但你只遮住了上半身，下半身卻毫無防護。到時候我只需打你的腿，就能破壞你的防禦。你真是個戰鬥白癡！」赫朗格尼爾馬上把護在胸前的巨盾放在地上，自己縮身躲在盾後。瑟亞非又說：「你雖然鞏固了防護能力，但卻失去了移動能力，且躲在盾後只守不攻，如何跟主人作戰啊？懦弱愚蠢！」

赫朗格尼爾只好站起來，用巨盾擋住下半身，用大棒橫在面前防護頭胸。他以為，這樣既能防止瑟亞非偷襲下半身，自己又不會失去作戰力。就在他手忙腳亂時，天空電閃雷鳴，索爾已經駕著雙羊銅車風馳而至。索爾一聲怒吼，奮力擲出了雷神之鎚。這把神器夾雜著閃電、炸雷、烈焰直取赫朗格尼爾的天靈蓋。雖然赫朗格尼爾叫泥巨人上前抵擋，但泥巨人已被索爾的聲威嚇得呆立當場，動彈不得。

赫朗格尼爾只好雙手托著大棒欲擋住砸下來的巨鎚。但雷神以巨力擲出的雷神之鎚太過兇猛，一下就砸碎了大棒，然後餘勢未減地又砸在了赫朗格尼爾的天靈蓋上，將他砸得腦漿迸裂，命喪當場。隨後，瑟亞非快步來到被雷神的閃電驚雷嚇得渾身發抖、屁滾尿流的泥巨人面前，用食指對著搖搖欲墜的泥巨人一戳，便把它打翻在地，碎成了粉末。而巨人赫朗格尼爾的鬧劇也隨著戰鬥的勝負而終告落幕！

索爾扮女裝取回雷神之鎚

某天早晨，索爾發現隨身攜帶的雷神之鎚居然不翼而飛。他仔細尋找自己宮殿內的每寸土地，不僅沒有任何發現，甚至連一點可疑的線索都沒見到。手足無措的索爾衝進了洛基宮中，一把將還在沉睡的洛基抓了起來。還未等對方睜開眼睛，索爾就搖晃著洛基說：「告訴你一個祕密，我的雷神之鎚不見了！」

洛基愣了半晌後才搖著頭說：「這不是我幹的啊！」

「我沒有懷疑你，我是來找你商量對策的。」索爾知道洛基雖然平時愛搞惡作劇、開玩笑，卻從不掩飾自己的行為，甚至還會四處宣揚，唯恐別人不知是他所為。所以他相信雷神之鎚失竊一事與洛基無關，他之所以來找洛基，是想讓他為尋回自己的武器想想辦法。

洛基說道：「雷神之鎚雖然是你的私人物品，但它關係著諸神的安危。這麼大的事，不能私下解決，一旦引發任何危機，你我都承擔不起，所以最好是召集眾神商議。」於是他們召集諸神，宣布了這起失竊案，諸神莫不大驚失色。洛基見奧丁看著自己，馬上辯解道：「別看我，這次真不是我幹的。偷竊者的用意很明顯，不是為了攻打阿斯嘉特，而是要向我們勒索。他要的東西應該比雷神之鎚更難下手，不然他就會直接偷取那樣東西。這盜鎚之人能夠神不知鬼不覺地在

從說：「快將雷神之鎚拿給新娘。」誰知道新娘一接過雷神之鎚，就馬上現出原形，吼道：「你偷我神物，還讓我裝女人！」一下砸翻了索列姆。

至於婚禮上觀禮的賓客和僕役，原本應該都是無罪的，但卻因為見證了索爾濃妝豔抹並女裝出嫁索列姆的場景，所以全都帶著這個祕密下陰間了。

為洛基收拾爛攤子

洛基酷愛獵奇冒險，但也因此經常闖禍。一旦捅出了樓子，他就會把禍事轉嫁到諸神身上，或讓他們幫自己了結恩怨，而在眾多被他拖下水的神裡頭，就屬雷神最為厚道。有一次，洛基從芙雷雅那裡借得鷹羽衣，化作一隻大鳥飛去約頓海姆歷險。他得知巨人蓋羅德（Geirrod）的女兒格蕾普（Greip）姿色非凡，決定一探究竟。洛基深知這個霜巨人不是個好對付的角色，所以事先把他家的情況偵察得一清二楚。

有一天天剛黑，他披上鷹羽衣飛入蓋羅德的莊園。發現一巨人女僕提了一桶水推開了一扇房門。就在房門洞開時，裡面冒出了滾滾熱氣。洛基估計在裡面沐浴的就是格蕾普，於是降落到了房頂上，透過天窗一看，興奮得差點掉了下去。他覺得這個女巨人的身材、相貌絲毫都不遜色於阿薩眾女神。色膽包天的洛基馬上化作一隻怪鳥飛進屋中，降落在女巨人的肩頭。女巨人把怪鳥捧在手上，愛撫著牠那身光亮的羽毛輕歎道：「小鳥啊小鳥，如果你是個俊朗偉岸的男人該有多好啊！」

洛基暗笑著怪聲說道：「如果妳能縮小些，我再變大些，這樣妳就可以如願。」兩人就此一拍即合。後來洛基方知這個女巨人並非格蕾普，而是蓋羅德孀居的妹妹，她的容貌比格蕾普有過之而無不及。

時間長了，蓋羅德對妹妹房間中這隻早出晚歸的怪鳥產生了懷疑。他估計這隻怪鳥是某位神偽裝的，而且一定在跟自己喪夫的妹妹偷情，於是他對妹妹說，可以幫她把這個神留下來永遠陪她。蓋羅德的妹妹很高興，於是就依哥哥所說，在一次幽會後，用哥哥所給的魔法細線拴住了洛基的腳。蓋羅德隨後破門而入，衝向洛基。洛基馬上披上鷹羽衣化作大鳥準備從天窗衝出去，結果被拴住腳的魔法線拖回了地面。

蓋羅德抓住這隻怪鳥後，問他是什麼人，從哪裡來，要做什麼，但洛基只是保持沉默。蓋羅德就把他關在籠中，不給他滴水粒米。洛基被餓得神形憔悴，只好現出原形。隨後在食物誘惑下，對蓋羅德的所有問題坦誠以對。

弄清這個人是洛基後，蓋羅德說：「只要你能把雷神索爾騙得空手前來，我就讓你恢復自由，而且還把妹妹送給你做老婆。不然，我就把你一直關在這受盡饑渴。」無奈的洛基只好答應。

洛基回宮後，思索著怎麼把索爾騙去蓋羅德住處，他知道，如果真心欺騙索爾，將會後患無窮，所以他把事實略作修改，向索爾請求，「索爾，你能不能幫我個忙？我最近在跟一個美麗的女巨人交往，可是如果我不能滿足她一個非常苛刻的條件，她就要跟我分手。」

索爾深知洛基拈花惹草的習性，只是不明白為何這次會牽扯上自己，於是問道：「這跟我有什麼關係？我該如何幫你？」洛基道：「有一天，這個女巨人對我說，諸神當中只有雷神索爾的法力最為高強，她族中的男人聽見你的名號就會虎軀一震。我告訴她，我跟你的關係最好，要好得彼此有求必應。誰知她一定要我帶你去見她以資證明。更過分的是，她說很害怕你的雷神之鎚和鐵手套，所以要你不帶任何武器空手前往，不然就不相信我和你的關係。唉！我怎麼好意思要求你這麼做啊！」

索爾覺得，空手去見一個幾乎沒有殺傷力而且跟洛基相好的女巨人，根本沒有什麼問題，所以馬上答應了。在二人去見女巨人的路上，他們遇見了奧丁眾多妻子中一個名叫格蘿德的女巨人。此女極富機智，心知洛基的狡詐，便提醒索爾，「與洛基相好的女巨人生性溫柔多情，並不可怕，但她哥哥卻是個有心機的勇猛巨人，赤手空拳的你可能很難對付他。」格蘿德想了想，繼續說道：「我這裡有些東西，威力雖不及你的雷神之鎚，但應該可以對付得了蓋羅德。」說完把自己的腰帶、鐵手套和手杖借

洛基向愛神芙雷雅處借得鷹羽衣，化作一隻大鳥闖入約頓海姆。

給了索爾。

與格蘿德別過不久，索爾和洛基就來到一條奔騰的大河旁。索爾將格蘿德的腰帶繫上，要洛基抓住並緊跟在身後，然後拄著手杖在急流中一步一步涉往對岸。當他們行至中央時，忽覺一道飛瀑從天而降，淋在他們頭上。索爾很驚奇，便抬頭尋找瀑布源頭，發現河對面的小山坡上蹲了個漂亮妖嬈的女巨人，正衝著他們撒尿，同時還得意忘形地狂笑。

洛基認出這就是蓋羅德之女格蕾普，對她剽悍狂野的迎客方式氣憤不已，他轉頭對索爾道：「這就是蓋羅德之女格蕾普！」索爾實在忍受不了這樣放肆的行為，他怒火攻心，順手拾起一塊巨石擲向高處，正好塞住女巨人腿間撒尿之處。格蕾普被打得尖叫一聲，叉開雙腿就飛奔而去。洛基和索爾笑得直不起腰來。

索爾和洛基來到了蓋羅德的莊園，但蓋羅德卻對他們非常無禮，非但沒讓他們進入客廳，反而是待在骯髒的馬廄中，拖出一張椅子讓索爾坐下。索爾剛坐上去，就覺得椅子像電梯一樣開始上升。他馬上用拐杖在馬廄頂梁上一撐，身子順勢往下一沉。只聽得椅子下傳來噗噗爆響和一聲慘叫。原來格蕾普對索爾懷恨在心，蓋羅德就用法術縮小她，讓她貼在椅子下面，企圖等索爾坐上去後，她再恢復原形把索爾頂死在廄頂上。結果索爾借助魔力手杖之力，壓得她脊骨碎裂而死。

蓋羅德偷雞不成蝕把米，只好強壓怒火請索爾到大廳用餐。走到一個大火爐前，拿鐵棍插入爐中將燒得赤紅的馬蹄鐵使勁一挑，只見一道熾流直奔索爾胸口。索爾眼疾手快，用戴了鐵手套的右手將燒紅的馬蹄鐵凌空接住，然後馬上奮力擲向看呆了的蓋羅德。馬蹄鐵將蓋羅德龐大的身軀擊穿，留下了一個獨有的U形大洞，鐵塊穿過他身體後仍餘勢未減，穿過了好幾面牆壁。蓋羅德的屍體則變成了一塊巨石，如同一座無字碑，歌頌著索爾的神勇。

Chapter 4

戰神提爾

（Gleipnir）。這根繩子是用六種極其特別而且難以取得的材料製成，分別是貓的腳步聲、女人的鬍鬚、岩石中的樹根、熊的肌腱、魚的肺、鳥的唾液。黑侏儒用這六樣東西打造出一根比絲還細、比綢還滑、比光線還透明的繩子，它看似柔軟纖細，卻堅韌無比，而且會越拽越緊[16]。但是久居地下城的黑侏儒，出於對眾神的不滿，在這根繩子上施了魔法，詛咒它會在「諸神的黃昏」到來時斷裂。

眾神得到這根魔繩後，將芬尼爾引到了一個島上。他們拿出細如髮絲的魔繩說：「本來今天準備讓你試試能不能掙脫這根繩索的，但後來我們一致認為以你現在的力量不可能掙斷它，因為它確實比以前我們所見過的任何繩索都要堅固。所以我們還是在這裡遊玩一番就回去算了。」

眾神的激將法起了作用，芬尼爾覺得自己被小看了，變得異常衝動。但天生狡猾多疑的牠隱約感到今天這事不簡單，為什麼眾神會把牠帶離阿斯嘉特來測試繩子？牠看著這根細細的繩索，心裡就越沒譜，於是說：「這根繩子這麼細，我掙脫了也沒什麼好處，能帶來很好的名聲嗎？你們會給我任何獎賞嗎？而且，我覺得你們好像在繩子上施加了魔法來害我。」

眾神一致說：「我們要施魔法來加害你的話，只需要讓雷神砸你一鎚就行了，用得著這麼麻煩請人打鐵鍊造繩索嗎？」芬尼爾還是很懷疑眾神的動機和目的，「要是我無法掙脫繩索，你們又不幫我解開，我該怎麼辦？」眾神馬上就交頭接耳，「原來這傢伙的膽子這麼小啊，奧丁還說牠長大後是有用之才，看來是他看走眼了。」

眼看眾神如此鄙視自己，芬尼爾便說道：「我可以讓你們把我綁住，但如果我掙脫不了，你們一定要幫我解開。而且你們中必須有一人將手臂放入我的嘴裡做擔保，以證明你們不是施計害我。要是沒人敢把手放進我的嘴裡，我也不用試了。因為那樣的話，你們多半心裡有鬼。」眾神面面相覷，心裡都清楚，若不伸手，今天是綁不住牠的。可誰會在明知要變成獨臂的情況下還把手伸出去呢？沒人敢冒險。剛才是眾神嘲笑芬尼爾的膽小，現在反倒是芬尼爾張大了嘴，用眼神來挑釁眾神了。

為了束縛芬尼爾，提爾付出了一條手臂作為代價，因而成為獨臂戰神。

這時，無畏的提爾站出來說：「我把自己的手放進你嘴裡好了。」說著就把右手伸進了芬尼爾口中。芬尼爾一見餵養自己的提爾伸手作保，遂不再生疑，任由眾神用細繩把牠捆了個結實。繩結一打好，牠馬上使勁一掙，結果不僅沒能掙脫，反而被越纏越緊。試過幾次後，牠正要開口認輸，讓眾神解開繩子，卻看到眾神臉上得意詭祕的笑容，這才知道自己中了圈套。於是牠馬上翻臉，一口就把提爾的手臂給咬斷了。然後

16 因為造這根繩子用去了所有材料，所以世界上從此就不再有貓的腳步聲、女人的鬍鬚、岩石中的樹根、熊的肌腱、魚的肺、鳥的唾液。

牠又狂吼亂叫地張開血盆大口，想咬靠牠最近的其他神。眾神便合力把魔法繩的另一頭拴在一塊深陷地中的巨石之上，讓芬尼爾無法脫身。然後把一把長劍插在牠口中，撐住上下頜，讓牠的巨口再也無法咬合。

提爾為了眾神的利益，無私地奉獻了自己的一條手臂，但這絲毫不影響他的戰鬥力，他依靠剩下的獨臂照樣可以靈活有力地持刀斬妖除魔。而芬尼爾則一直被魔繩縛住，無法脫身，直到世界末日的號角吹響時，牠才會掙脫魔繩，到阿斯嘉特復仇[17]。

落入人間的提爾聖刀

提爾當初在阿斯嘉特是靠使一手漂亮的雙刀而成為戰神。跟眾神的兵器一樣，提爾的雙刀也是由黑侏儒精心打造的，具有很強的威力和能量場，如同所有神器一樣，這是一對具有自主意識的刀，會自己挑選主人。但自從芬尼爾讓提爾斷臂後，他就只能單手持刀了，於是提爾把剩下的一把刀送給了人類，並對世人說：「誰要是得到這把刀，誰就能在戰場上所向披靡，戰勝所有敵人。」[18]

眾神找來黑侏儒打造了一根魔法繩，用計將芬尼爾綁住後，將一柄長劍插入牠口中，讓芬尼爾再也無法咬合。

人間的祭司將提爾之刀深藏在提爾神殿中嚴密看守。但有一天夜裡，這柄聖刀失竊了。祭司們只能去找一位資深的女先知，向她打聽聖刀的下落。女先知淒然說道：「此刀已經流落到了神廟之外世人聚集之處，人間開始永無寧日了。」

祭司們驚恐萬分，問：「先知為何出此不祥之言啊？」女先知道：「世界之樹下方的預言女神說了，無論誰得到聖刀，在世間都將無敵，但代價是最後必死於此刀之下。」祭司們好奇地追問：「是誰偷了這刀啊？他拿去幹什麼用啊？到哪裡可以找回聖刀啊？」但無論祭司們怎麼懇求，女先知都不再說一個字了。

過了一段時間，一位身材高大、氣質尊貴的獨臂男子來到了羅馬帝國在科隆的軍營中。當時羅馬帝國的日爾曼行省總督維特利亞斯（Vitellius）正在那裡參加一場慶功宴會。這位陌生人把維特利亞斯從酒席上叫到一邊，將一柄長刀交給他道：「此刀乃神界戰神提爾所使的佩刀，能為閣下帶來無窮無盡、至高無上的戰功，還有榮譽和權勢，最後可把你推上人生的頂峰，把你送上皇帝的寶座。但你一定要好好看護這把刀，片刻不可離身。」

---

17 北歐神話對西方的習俗影響深遠，其中星期二（Tuesday）以戰神提爾的名字 Tyr命名；星期三（Wednesday）這個名字來自古代祭祀主神奧丁的日子（Woden's day，Woden是古英語中對奧丁的稱呼）；星期四（Thursday）取自雷神索爾名字 Thor，是古日爾曼人一星期中最神聖的一天，重要會議通常會選在這天舉行，且成員若未在中午前出現，就會被取消資格，所以索爾也是會議的守護神；星期五（Friday）來自神后芙麗嘉的名字 Frigga。

18 北歐的勇士常常在交戰之前向戰神提爾祈禱。由於提爾的武器是刀，所以刀在北歐武士眼中是非常神聖的，他們常向刀尖發誓。他們有所謂的「刀之舞」，即勇士們舉刀向天，呈刀尖之山，讓最勇敢者從上面跳過去；或以刀尖拼成輪形或玫瑰形，讓他們的首領站立在上頭，共同抬著他遊行。

後來，年老的阿提拉娶了自己領地內高盧的勃艮地公主為妻。這位公主懷著殺父之仇和這位匈奴王完婚。新婚之夜，她趁阿提拉酒後酣睡之際，用提爾聖刀割下了他的首級後自殺。這個關於權力、誘惑與死亡的預言又一次得到了應驗。

Chapter 5

美神及
音樂詩歌之神
布拉基

布拉基是奧丁與女巨人格蘿德之子，是美神及音樂詩歌之神。奧丁在喝了智慧泉水後，掌握了一切知識和智慧，變成了全知全能的眾神之王。

奧丁是詩人，也能夠創作歌曲。而布拉基和其他正神一樣，只是奧丁某一方面才能的專門執行者。北歐人認為，詩歌和音樂等藝術之美不是由某個造物主創造的，而是本來就存在於宇宙間。布拉基這樣的神只是這種力量的操縱者，而奧丁則是發現者，至於人間的詩人、音樂家等藝術家則是被布拉基賦予力量去挖掘這種美的人。

精靈克瓦希爾的鮮血與蜜酒

當年，阿薩神族和華納神族用和平談判的方式來解決衝突，雙方締結和約時，往大缸裡吐一口自己的唾液，以示莊嚴神聖地宣誓。為了紀念這次具有跨時代意義的和解，眾神把這口大缸中的唾液變成了一個叫克瓦希爾（Kvasir）的小精靈。

克瓦希爾集眾神之精華而誕生，所以智慧非凡。他經常在人間向處於半蠻荒狀態的人類說明如何認識和改造世界，這讓一直都自認為聰明絕頂的黑侏儒們十分嫉妒。克瓦希爾的智慧源自他的好學好問，他的求知欲和好奇心讓他隨時都在四處奔走學習各種知識和技能。無處不見他忙碌奔波的身影，無處不聞他刨根問柢、精靈古怪的提問求教聲。

一天，他來到地下的黑侏儒城，途經戈拉（Galar）和法亞拉（Fjalar）兄弟家門口，兩個黑侏儒跟他打招呼：「嗨，萬事通，你要去哪裡呢？」克瓦希爾謙遜地答道：「我想來這裡學點手藝。」兩兄弟一直嫉妒心靈手巧的克瓦希爾，頓時心生歹意，「我們黑侏儒的手藝都是代代相傳又對外保密，再說你會的東西夠多了，已經遠超過我們，還來拜師學藝，以後誰還會找我們來打造寶物？要不這樣，讓我們彼此互補，我們可以傳授給你任何技藝，但你也必須把自己所學的知識授予我們。為表示誠意，你先跟我們進屋，我們先來展示。」

克瓦希爾不疑有他，就跟著兩兄弟進屋。結果不僅沒學到任何技藝，還被兩兄弟給殺了。他的血被這對黑侏儒兄弟兌到蜂蜜中調成蜜酒，裝進兩只壺和一個碗裡，誰要是嘗了一點蜜酒，就能成為人人崇拜的大詩人。

阿薩諸神發現克瓦希爾失蹤後，四處尋找。但由於沒有目擊證人，加上整個地下城的黑侏儒都嫉妒克瓦希爾的才能，所以沒人願意配合眾神調查，這使克瓦希爾之死成了懸案。於是兩兄弟越發膽大起來，開始跟神魔兩道作對。一天，霜巨人吉陵（Gilling）帶著妻子到這兩兄弟家裡打造武器和首飾。兩兄弟看吉陵身上帶了不少金銀，起了歹心。他們邀請吉陵一同出海捕魚做晚餐。返航時，二人故意將船撞向了礁石，兩兄弟因為早有準備，所以安然無恙，但吉陵這樣的巨人太高且重心不穩，再加上沒有防備又不會游泳，一下就沉到海裡溺斃了。兄弟二人藏好了吉陵留在船艙的包裹，裝出傷心的樣子回到家中，將噩耗告訴了吉陵的妻子。吉陵的妻子聞訊便號啕大哭。

這讓兩兄弟不堪其擾，於是決定斬草除根，交頭接耳幾句後，法亞拉走到院裡對吉陵的妻子說：「妳丈夫意外過世，我們兩兄弟也深表遺憾。妳如此痛苦，看得我們也很難受。這樣吧，我帶妳到他遇難的地方去，讓妳緬懷他，這樣多少能讓妳心裡好受些。」

吉陵的妻子也覺得言之有理，就跟著法亞拉走出門。誰知她剛走到門口，站在屋簷上的戈拉就把抱在懷中的石礪丟了下去，正好砸在女巨人頭上，吉陵兩口子就這樣成了亡命鴛鴦。

吉陵的兒子蘇圖恩（Sutungr）得知父母在戈拉兄弟家失蹤的消息後，馬上趕到了地下城。他二話不說，就把父母失蹤前見過的最後兩個人拖到了海邊。直覺告訴他：父母已經遇害，而這兩兄弟就是兇手。黑侏儒雖然能靠陰謀詭計耍得霜巨人團團轉，但若是直接發生衝突，完全不是霜巨人的對手。蘇圖恩把戈拉兄弟綁在一塊即將被潮水淹沒的岩石上，拷問他們，「倘若你們不把我父母遇難的情由從實招來，就慢慢在水裡等死吧。」

心狠手辣的人也會怕死，還沒等海水漲到胸口，兩兄弟就招供求饒了，「人是我們殺的，我們會歸還他們的遺產，拜託你，解開繩索吧。」

「我父母與你們無冤無仇，為什麼要下此毒手？拿命來抵。」蘇圖恩咬牙切齒道。

「就算你淹死我們兩兄弟，也無法讓你的父母復活。你只是出了一口氣，卻沒有什麼實質的好處啊。不如放我們一馬，我們兄弟願意把自己收藏的奇珍異寶分一些給你作為賠償。」兩兄弟痛哭流涕道——黑侏儒工於心計，知道怎麼在要緊時刻及時止損並與對方談判。

「你們都收藏些什麼珍寶，先把名單列出來。」蘇圖恩心動了，他知道這兩兄弟有不少好東西。兩兄弟見有一線生機，馬上七嘴八舌地展示自己的家當，但沒有一樣能讓蘇圖恩滿意。最後他們心一橫說：「我們有一件最寶貴的東西，就是用克瓦希爾的血調和的蜜酒。誰喝了它，就會成為受眾人崇拜的詩人和音樂家。」於是蘇圖恩以全部蜜酒和兩兄弟的一半家當作交換條件，才釋放了他們。

蘇圖恩前去追查父母遭到殺害一事，戈拉兄弟獻出克瓦希爾鮮血製成的蜜酒，才得以苟活。

蘇圖恩回到家中，將蜜酒交給女兒格蘿德珍藏。格蘿德對這罕見的仙酒至為珍惜，待在祕密山洞中日夜守護。戈拉兄弟不甘心寶物和蜜酒就這樣被蘇圖恩獲取，於是四處宣揚蘇圖恩獲得蜜酒的事情。他們知道奧丁一定會去找蘇圖恩，這樣就能借刀殺人。

尋找蜜酒的奧丁

果然，不久後奧丁就聽說了蜜酒的事情，來到了蘇圖恩的家園。在蘇圖恩家的一處農場上，奧丁看見九個巨人僕役在割牧草，他們的刀太鈍了，以至於不是在割草而是在鋸草。奧丁見他們幹活這麼沒效率，不禁問：「刀都這麼鈍了，為什麼不磨呢？」其中一個僕役抬頭看了看這個問奇怪問題的路人，沒好氣地說：「我們要是有磨刀石，還用得著這樣嗎？」奧丁說：「要不要我幫你們磨刀子啊？」說著掏出一塊精緻的磨刀石。幾個巨人奴僕看見磨刀石後都圍過來，要求奧丁幫自己磨刀。但奧丁卻把磨刀石往回一收，說：「我可以幫你們磨刀，但磨完後，你們要告訴我你們的主人是誰？還要告訴我一個叫蘇圖恩的巨人家住何處？」僕役們毫不猶豫答應了。於是奧丁很快磨利了他們的割草刀。

這九個僕役試過磨好的刀子，覺得很鋒利，又好用又省力，便七嘴八舌地回答起奧丁的問題，「我們的主人是巴烏吉（Baugi）。」

「蘇圖恩是巴烏吉的哥哥，他有個天仙般漂亮的女兒格蘿德，負責在山洞中守護著父親的寶貝，從不露面。」

「你能不能把你的磨刀石賣給我啊？」

「對啊，開個價吧。」

「賣給我，我出最高價。」

奧丁有意為難這些霜巨人，就開了個高得離譜的價錢。可是九個人全都接受了。奧丁不願意浪費時間跟這些人開拍賣會，於是把磨刀石往這群人頭上拋去。九個巨人都想得到磨刀石，便跳起來爭搶，但他們都忘了自己手中還拿著剛磨過的刀，一瞬間，無比鋒利的刀把彼此劃得皮開肉綻。落地後，他們又為了剛才受的傷互相砍殺起來。就這樣，九個人廝殺一輪以後，全都去了冥界向海拉報到。

奧丁不知道蘇圖恩藏寶的位置，也不可能直接找蘇圖恩要，就準備從他弟弟巴烏吉身上下手。到了晚上，奧丁化身為尋寶者來到巴烏吉家投宿。巴烏吉是個熱情好客的巨人，隨即邀請奧丁共進晚餐。喝酒閒聊時，巴烏吉對奧丁抱怨，「真是奇怪。我家幾個僕人，今天早上都還有說有笑地出門割草，後來卻相互砍殺，全都死了。這下子一個幫手都沒有，我一個人做不了九個人的工作，不知道該怎麼過冬啊！」

奧丁佯裝不知情，「反正我也沒事，可以幫幫你。我一個人就能做完這九個人的活。」聽到有人願意幫忙，巴烏吉高興得馬上為奧丁斟酒，「太好了，我會付給你比九個人加起來還多的工錢。」

奧丁搖頭道：「我不缺錢。我聽說你哥哥有神奇的蜜酒，想嘗一嘗。就用這個作為報酬吧。」巴烏吉覺得這個條件很為難自己，但又不想放走這個幫手，於是說：「這個要求有難度啊。我哥把蜜酒藏在一個密不透風的山洞裡面，而且讓自己的女兒寸步不離地看守著。我可以陪你去那裡，試試看能不能幫你弄到一點。」

就這樣，眾神之主奧丁為了得到克瓦希爾的遺物——也就是蜜酒，降尊紆貴，一人當九人用的為霜巨人工作。完成工作以後，奧丁依約向巴烏吉索取蜜酒。巴烏吉便帶他去蘇圖恩家協商。

蘇圖恩也是個豪爽耿直的好客巨人，見弟弟帶客人來訪，二話不說就奉為上賓。還未等哥哥發問，巴烏吉就開門見山說了自己和奧丁的約定，然後苦苦哀求，「看在他為我辛苦工作的分上，你就把蜜酒給他嘗一口吧？反正只有一點點。」蘇圖恩一口回絕，「不行！這東西如此珍貴，我和女兒連一口都捨不得喝，更不用說讓外人嘗一口，看一眼都不行。」哪怕巴烏吉說破了嘴，好話都說盡了，但蘇圖恩就是不答應。

無奈之下，巴烏吉只好帶著奧丁離開。

但才一離開，奧丁又追問巴烏吉，「你身為霜巨人，答應的事情不能就這麼算了。」面對不好打發的奧丁，巴烏吉無可奈何說道：「不是我食言，你也看到我哥哥的態度了，我還能有什麼辦法啊？」奧丁仍不鬆口，「他答不答應是他的事，但你答應的事絕對不能不兌現，就算是偷，也要偷來給我喝一口。」巴烏吉雖然覺得惡客難纏，但他是個重信守諾的人，也相信即使是偷搶也比背信忘義要好得多。

第二天，巴烏吉領著奧丁來到格蘿德藏寶的山上，但找遍了整座山都沒有找到任何山洞，他對奧丁雙手一攤，「別說門了，連條縫都沒有。我怎麼替你去偷去搶啊？我看你還是死了這條心吧。」「都到了寶山了，怎麼能空手而回？」奧丁拿出一把鑽子，交給巴烏吉說：「你只需要幫我把岩石鑽個洞，承諾就算完成了，剩下的我自己來。」巴烏吉只好拿著鑽子鑽起山岩，好一陣之後，他停下來說：「岩石已經鑽通了，剩下的事就看你的造化了。」說完轉身就要走。

奧丁一把抓住他，往石孔中吹了一口氣，裡頭的碎石粉塵噴了巴烏吉一臉。奧丁說：「若是鑽通了，就不會有這些碎石，別偷懶，繼續鑽吧。」巴烏吉知道無法耍小聰明，只得老老實實繼續鑽，直到真的鑽通了，奧丁才讓他收工。然後奧丁搖身一變，化作一條小蛇，從剛才鑽出的孔中進入山洞，剛好掉到了格蘿德的雙乳間。熟睡中的格蘿德被驚醒，小蛇這時變成一個身形偉岸的男人。

格蘿德問：「你是誰啊？」奧丁直言道：「我是阿薩主神奧丁，是妳命中註定的丈夫。」命中註定，上天安排的當然最大了。再說，自己為了替父親守護仙酒，別說男人或男神，連其醜無比的男巨人都未曾見過。現在來了個健美英俊的男神，自然是有好感的。於是格蘿德與奧丁在山洞裡纏綿了三天三夜，也孕育了美神布拉基。

奧丁拿出一把鑽子，在岩石上鑽洞，鑽入了岩洞中，最終得到了蜜酒。

沉醉在愛情裡的格蘿德把父親交由她守護的珍貴仙酒拿給奧丁，「這是任何人都享受不到的東西，但你卻可以喝到。」「我還得到了比這仙酒更寶貴的東西。」奧丁一口氣喝完所有仙酒，然後摸著格蘿德的腹部說：「這些仙酒我是留給他的。」

語畢，奧丁披上鷹羽衣往阿斯嘉特飛去。恰巧被蘇圖恩看見，由於這極北之地從來沒有這樣的猛禽飛過，蘇圖恩料想仙酒已經被盜，便使出法術也變成一隻鷹追了上去。奧丁好幾次差點被抓到，慌亂之中，口中不小心溢出一些仙酒，飄落到了人間，於是人間就有了一些傑出的詩人。

Chapter 6

青春女神
伊登

一神一鷹就這樣你來我往，洛基一時間忘了面前這隻鷹會魔法，他一手抓著肉不放，另一隻手抓起一根木棍向灰鷹打去。沒想到灰鷹用爪子抓牢了木棍後振翅飛了起來，而洛基的手被黏在棍上，無論怎麼掙扎都無法脫手，他怕掉下來，只好丟下肉抓緊木棍不敢鬆手。

這隻灰鷹帶著洛基忽而一飛沖天，直入雲霄；忽而直落千丈，貼地飛行。這讓洛基劇烈眩暈，把剛才吃下的牛肉全部吐了出來；接著，灰鷹又拖著洛基飛過犬牙交錯的岩石叢，拖行碰撞的疼痛讓他撕心裂肺。洛基被折騰了好長一段時間，痛得忍不住求饒，說盡好話央求灰鷹，但鷹卻打斷他的話，「住嘴，你這個油腔滑調的懦夫，除非你發誓答應我的條件，否則我就這樣把你折磨到死！」

洛基此刻只求脫身，什麼條件都會答應，所以忙不迭地叫道：「什麼條件？我全部答應你。」

灰鷹冷哼道：「我要你把伊登和青春蘋果帶出阿斯嘉特，如果做不到，你的手就永遠黏在木棍上吧。」

在極度的痛苦下，洛基不得已發誓答應了這個苛刻的條件。原來這隻灰鷹是巨人夏基（Thiazi）的化身，刻意讓洛基掉進了他設計的陷阱裡。現在洛基只得絞盡腦汁想辦法去騙伊登和青春蘋果，至於後果如何，他完全不在乎，因為惡作劇之神做事才不會考慮後果。

回到阿斯嘉特後，已想出對策的洛基一直在等待機會。隨著與夏基約定的時間一天一天逼近，平時天不怕地不怕的洛基也焦慮起來。開口承諾容易，但如果棄信背誓，哪怕貴為天神也無法逃脫報應，可如果輕舉妄動，下場大概也不會好到哪裡去。所以洛基就在既不敢輕舉妄動、又害怕違約的雙重折磨下，等來了機會。

洛基巧言將伊登騙出阿斯嘉特

布拉基每年都有一段時間要離開嬌妻伊登，在人間吟遊一段日子。這時，青春女神伊登便會蝸居深宮不出，於是人間就進入了冬天，大地一片蕭條，了無生機，這對洛基來說可是大好時機。

與夏基約定期限的那一天到來時，洛基來到伊登宮中，對她說道：「最近我遇到一件怪事，想向妳請教。」

滿心思念丈夫的伊登，本來對洛基的到來心不在焉，但就在聽到他這段欲擒故縱的開場白後，立刻被勾起好奇心，「居然有連你都不知道的事情？但這和我又有什麼關係？」

「關係可大了！」洛基看伊登已經入了局，就添油加醋起來，「我前幾天到伊芬河對面的樹林，發現那裡有棵樹上結的果實，跟妳的青春蘋果一模一樣。我摘下來嘗了嘗，發覺味道跟青春蘋果一樣。更怪的是，除了外型與口味跟妳的青春蘋果一樣，那果實所具備的功效也一樣。我摘了幾顆給人間的幾位老人吃，他們居然返老還童了！妳說這事怪不怪？」

伊登大為吃驚，「這不可能！」

羽衣，卯足全力向洛基追去。憑藉天賦神力，他很快在空中就追趕上洛基。眾神在阿斯嘉特看見洛基所變的鷹抓著一顆榛果，而其身後有另一隻更大的蒼鷹像箭一樣射向洛基，於是按照他們神界制定的規則來迎接霜巨人：在阿斯嘉特圍牆處堆起如山一樣高的柴火，等洛基飛進了阿斯嘉特，他們就點燃柴火，沖天的火焰剛好將緊隨在後的夏基燒個正著，夏基掉進火堆，被熊熊大火燒死，而伊登也安然返回阿斯嘉特。

伊登會定期採摘青春蘋果，並分發給阿斯嘉特的諸神，諸神因此得以長生不老。

Chapter 7

夏冬之神
尼爾德

蒂可能受了洛基的影響，低著頭，紅著臉說：「失去一個親人，最好的彌補就是再得到一個親人。如果能從未婚的阿薩眾神中選一個做自己的丈夫，我可以不要其他賠償。」

眾神聽她這麼一說，便爽快地答應了，當然，笑得最開心的是那些仍未有伴侶的神了。洛基又提出一個鬼點子，「我們可以讓妳自己選擇，但不能看臉挑選。我們要蒙住競選者全身，只露出腳，妳也只能看腳來挑選，這樣才是命中註定的姻緣。」眾神之中最讓斯嘉蒂動心的，就是俊朗帥氣的光明之神巴德爾，她心想，讓她最順眼的人，腳也應該是無比出眾的，所以答應了洛基這個荒誕卻又刺激的條件。

奧丁讓斯嘉蒂挑選一位男性神祇當作丈夫，斯嘉蒂選中了擁有潔白雙腳的尼爾德。

於是，未婚的阿薩諸神排成一行，用一大塊布遮住了腳以外的所有地方。斯嘉蒂挑來挑去，把這一雙雙長短不一、各有特色的腳看來看去，最後她指向自己認為最完美的腳，她認為這一定是巴德爾的腳。

然而，遮擋男神的布一拉開，斯嘉蒂發現她看中的那雙腳並不是巴德爾，而是海洋之神和風神尼爾德。由於尼爾德長年待在海邊，雙腳被海浪沖洗得無比潔白，所以特別光滑細嫩。

雖然不免有點失望，但斯嘉蒂對這個結果仍舊是滿意的。尼爾德雖然年長一點，但比起年輕的巴德爾，他那股成熟包容的體貼更讓她覺得安全，而且尼爾德同樣也是諸神中不可多得的美男子。尼爾德也心花怒放，他一看到斯嘉蒂就有了好感。

出於對洛基提出苛刻擇偶條件的報復，斯嘉蒂對他說：「如果你在婚禮前無法讓我開懷一笑，我就不讓你參加我的婚禮。」洛基沒想到這位女煞星這麼快就來報復自己，如果被排除在眾神之外，無法參加婚禮，可就丟臉了。對洛基來說，丟臉比丟命更難接受，所以他絞盡腦汁，終於想到一個辦法。

上圖：住慣北方的斯嘉蒂不習慣海邊，尼爾德酣眠的同時，她卻常常無法入睡。
下圖：來到雪原後，換成尼爾德失眠，而枕邊的斯嘉蒂恬然入睡。

洛基把為索爾拉車的山羊牽來，把繩子的一頭繫在山羊的鬍子上，另一頭綁在自己的生殖器上，然後跟山羊拔河。洛基和山羊拉來扯去，他又假裝拉不過山羊，可笑的畫面讓斯嘉蒂再也憋烏勒爾後悔極了，於是四處尋找斯嘉蒂。一天，他來到一處海邊，準備獵捕海豹當作食物，卻在海灘上看見一條擱淺的鯨魚，鯨魚的身上插著一支箭，上頭刻的字正是烏勒爾的名字。他知道這是上次被他射中的女妖，傷重不治倒在了這裡，就用斧頭從牠身上砍了一塊肉下來，生火烤來吃。才剛吃了一半，來了十二個巨人對他喊道：「你為什麼偷吃我們的獵物？」

冬季女神斯嘉蒂。

雙方一言不合，隨即打了起來。烏勒爾隻身迎擊十二個巨人，箭射完後又揮斧肉搏，雖然最後是他取得勝利，把巨人全部殺死，但自己也耗盡體力，身負重傷，倒地不起。

此時出現了一個女人，身高和女性人類差不多，體格和樣貌卻長得像男性巨人一樣，不僅腰跟肩膀一樣寬，就連皮膚也和樹皮一樣粗糙。她不怎麼友善地對烏勒爾說道：「冬神也會受傷？要不要幫你一把啊？」

「哇！」烏勒爾被她的醜樣嚇了一跳，低著頭不敢直視她，「請幫幫我，我會給妳足夠的報酬。」這女巨人力氣很大，她把烏勒爾挾在腋下，夾得烏勒爾快透不過氣來了。女巨人將烏勒爾帶到一個山洞，把他往地上一放，說：「你在這裡不會有事的。現在先付我一部分報酬，吻我吧。」

烏勒爾覺得這女巨人著實難看，自己簡直開不了口，但不吻，她肯定不會為自己療傷，於是只能閉上眼，吻了她一下。

女巨人為烏勒爾取來食物和水，讓他恢復體力。等到天黑，女巨人鋪好了草床，問烏勒爾，「想不想過來跟我一起睡？」

烏勒爾推託道：「兩個人睡會擠壓到我的傷口，我還是睡地上好了。」

「好吧，看來我也不用費心為你療傷了。」女巨人冷哼。

烏勒爾無可奈何，只好答應了女巨人的要求。女巨人也爽快，立刻替他擦洗傷口並包紮妥當。雖然她的手指粗糙醜陋，但撫過傷口時，烏勒爾卻覺得無比舒適，疼痛也消失了。

第二天早上，烏勒爾醒來後感覺全身充滿活力。轉頭一看那個為自己療傷的女人，發覺她居然變成自己朝思暮想、苦苦尋覓的斯嘉蒂。烏勒爾忍不住吻了斯嘉蒂的雙唇，但她仍然繼續沉睡；接著烏勒爾又用手輕輕碰了碰她，奇怪的是，斯嘉蒂彷彿沒有知覺一樣，繼續沉睡著。

烏勒爾嚇了一跳，一下站了起來，突然發現床邊有一堆東西。他拎起來一看，正是昨天看到的斯嘉蒂醜陋的外殼。他厭惡地將褪下的外皮投入火堆，又跑到外面雪地抓了一把雪，輕輕撒在斯嘉蒂臉上，沒想到，斯嘉蒂立刻睜開眼睛。

愛人失而復得讓烏勒爾激動萬分，他緊緊抱住了斯嘉蒂，斯嘉蒂也回以熱情的擁抱，並在他耳邊說：「我就知道你會為我帶來解開魔咒的愛情，我們再也不要分開了！」

據說，那一年的冬天格外柔和，輕柔如羽絨般的瑞雪給了北國豐收的兆頭。人們都相信，這是兩位冬神柔情蜜意的體現。

Chapter 8

光明之神巴德爾
與黑暗之神霍德爾

瓦拉毫不猶豫地答：「海拉要款待的貴賓就是光明之神巴德爾啊！他命中註定要被自己的孿生兄弟——那失明的霍德爾殺死！可惜啊！無奈啊！」雖然瓦拉的回答證實了奧丁所擔心的事，但奧丁還是震驚不已。他壓住自己強烈的情緒問道：「那誰會為巴德爾報仇啊？」

瓦拉答道：「嚴冰女神琳達將和奧丁生下一個復仇之子瓦利。他出世後就不洗臉，不洗澡，不梳頭，直到身懷利刃在神殿中報了巴德爾之仇。」奧丁認為霍德爾雙目失明，沒有能力弒兄，背後必有人指使。他很想問出誰是幕後主謀，但又怕身分被識破，於是旁敲側擊道：「那麼，有誰會不願為巴德爾之死哭泣呢？」

瓦拉還是對這個自稱維克坦的人產生了懷疑，她仔細推算，知道了來人就是眾神之王奧丁。於是瓦拉猛然睜開眼睛，念出一段長長的預言詩。她在詩中講述了奧丁出世前世界的格局，還講述了世界的發展走向，並預言了這個世界的毀滅和重生，說世界的毀滅是因為洛基帶領他的三個異形子女和霜巨人向眾神開戰。她沒有說誰是殺死巴德爾的幕後真兇，但卻預言了巴德爾會隨著新世界而重生。

瓦拉吟唱完後道：「爾後，再也無人能讓我復活了，我要躺在這裡等待世界末日的到來。」說完就不發一語地躺回了棺材裡。奧丁聽罷預言，知道一切都是命中註定，不可違抗，只好回到了阿斯嘉特。雖然他知道愛子不久後將從他眼前逝去，此生無緣再見，但想到巴德爾會在未來獲得重生，心裡又稍微好受了一點。

洛基惡作劇釀成大禍

奧丁一踏入阿斯嘉特的大門，芙麗嘉就興匆匆地告訴他，「世間萬物已經發誓不傷害巴德爾了！」

阿斯嘉特諸神曾因為此事，一度失去了玩樂的閒心，然而就在芙麗嘉的計畫成功實施後，欣喜萬分的眾神們又開始過起以前愉悅的日子來。

於是有人提議，既然巴德爾不會被任何東西傷害，何不拿他當靶子試試。巴德爾也覺得這個新玩法很刺激，便欣然同意。他獨自站在中間，讓眾神用各種武器和物體向他投擲，但無論瞄得多麼準，投得多麼用力，這些武器和物體都無法擊中巴德爾。眾神發現這比擲金餅好玩多了，就樂此不疲地找來各種物體向巴德爾投去。

芙麗嘉坐在宮中，聽到外面一陣又一陣的笑聲，覺得非常奇怪。這時，她看到窗前有個侍女經過，就叫住她問道：「眾神為何而笑啊？」這位侍女正是洛基的化身。洛基反常地沒有和巴德爾玩耍，原來是他十分嫉妒受眾神歡迎的巴德爾。洛基見芙麗嘉問及此事，便答道：「眾神在向巴德爾投擲刀、槍、劍、矛，但巴德爾微笑著站在那裡任憑他們瞄準發射。任何武器都無法碰到他，所以眾神大笑不已。」

芙麗嘉要求世間萬物都發誓不會傷害巴德爾，眾神便以此為遊戲，找來各種物體向巴德爾投去。

讓他們在冥界也能相依相偎，又將巴德爾的坐騎和獵犬及生平所使用過的器物，比如劍矛甲冑等，都圍繞在巴德爾夫婦身邊。最後又用荊棘枝[20]圍住了柴堆。

當一切都準備妥當後，這艘用於火葬的戰船就要下水了。這時，普天下的神、人、精靈、侏儒，甚至巨人都來到這個海灘，參加這場天地間最壯美淒涼的火葬儀式，巴德爾的戰船本來就是眾神的船中最大的一隻，現在由於堆滿了殉葬品，沉重得需要所有人合力才能將其推下水。

雷神索爾站在海岸邊，高舉著他的雷神之鎚不停揮舞，為兄弟舉行最後的祭禮。這時一個名叫利特爾的黑侏儒從地下鑽出來，而且正好冒頭在索爾雙腿之間，索爾火冒三丈叫道：「你在這種重要嚴肅的場合遲到都已經不對了，現在還從我胯下冒出來干擾我！」悲怒至極的索爾像個守門員一樣一腳將利特爾踢到船上的柴薪上，又從雷神之鎚上將一個炸雷甩到火葬船上，讓利特爾當成祭品來殉葬。剎那間，船上積薪俱焚，火光將天空和海面映成血紅色。慢慢地，這船漂流漸遠，變成了一個亮點消失在海平面。

失去了光明之神的阿斯嘉特處處是淒涼的景象，猶如諸神的黃昏已經提前到來。只有芙麗嘉還滿懷希望，她認為赫爾默德會不辱使命，盡快返回。此時赫爾默德正馬不停蹄地在幽冥之路上日夜兼程。他所過之處黑暗一片，什麼都看不見。到了第十天，終於來到了海拉的城堡。他翻身下馬來到海拉的大廳中，看到巴德爾神色如常地高踞在主座上，他的妻子南娜依偎在他身旁。赫爾默德拜見了死亡女神海拉，懇求她將巴德爾放回神界，並告訴她，「眾神和世間萬物在巴德爾死後都哭得很傷心，無心日常事務。連豐饒之神弗雷都不事農墾，這樣人間會餓死更多的人。到時候妳這裡會魂滿為患，擠得妳連舉行晚宴的場地都沒有。」

冥后海拉當然喜歡亡靈，但如果冥界突然湧入太多亡靈，對她來說也是麻煩。於是海拉說道：「好吧，你可以回去進行調查，如果世間萬物皆如你所說這樣愛戴和哀悼巴德爾，我就可以放他回去。但如果有一人一物說他不好或不為他哭泣，他就只能永遠待在我這了。」

赫爾默德得到答覆非常高興，馬上向海拉辭行，並把這些話向巴德爾轉告。誰知巴德爾卻不願離開冥界，他要順應命運的安排一直住在冥界，直到諸神的黃昏來臨。儘管巴德爾的態度消極悲觀，但赫爾默德還是風馳電掣地趕回阿斯嘉特，將海拉的答覆帶給了奧丁夫婦。眾神立即派遣眾多使者前往世界各地，向萬物說明海拉的條件。

使者們走遍了東西南北中，所到之處，花草樹木無不為巴德爾落淚，土地也滲出水珠，即便是石頭和金屬都為巴德爾淚濕。使者們得到了世間萬物的眼淚後，隨即返回阿斯嘉特，途中看到女巨人索克（Thokk）正走出一個深不可測的洞穴。當使者們向她要一點眼淚時，這個女巨人譏笑著走進了山洞，「我不會落淚，我希望海拉把巴德爾永遠留在她那裡作客。」

瓦拉的預言得到了應驗，巴德爾從此只能待在冥界。後來奧丁歷經挫折，與特魯尼亞王國的

20 荊棘枝是睡眠的象徵，眾神希望巴德爾能安息長眠。

琳達公主結婚（見第二章），這位嚴冰女神生下了命中註定要為巴德爾報仇的瓦利。瓦利後來用他的弓箭射殺了霍德爾。霍德爾受洛基唆使殺死了自己的兄弟，也用自己的血償還了這樁血債。

Chapter 9

豐饒之神
弗雷

弗雷是華納神族首領尼爾德的兒子，他和父親以及妹妹來到阿斯嘉特為人質，受到阿薩眾神的歡迎，被封為豐饒之神。弗雷執掌和役使陽光、雨水，讓人間的農作物得以生長，讓牲畜得以繁殖。他澤被蒼生，是直接施予人類最多恩惠的神。他同時也是白侏儒的主管。這些白侏儒被弗雷調教為對人類有益的小精靈，他們會指導蜜蜂傳花授粉，讓穀物果樹開花結果。

儘管弗雷主司播種、收穫、牧養和繁殖等和平事務，但這種和平是要靠武力來維護的。他對人類的關愛是建立在他勇敢的戰士品德上。為了不讓野蠻的霜巨人破壞和平與他的事業，他經常跟霜巨人作戰。弗雷對霜巨人的刻骨仇恨不亞於雷神索爾，阿斯嘉特的眾神因此送給他一把勝利之劍（Laevateinn）。

手藝精湛的黑侏儒還送給弗雷兩件寶貝：一個是能夠在水上和空中航行的斯基德普拉特尼神船，這船可大可小，大時可裝下全副武裝的阿薩眾神，小時可以摺疊後放入衣袋中。

另一個寶貝則是渾身金毛的野豬金鬃，牠的嘴可以快速墾荒，金毛放射出來的光芒能讓人間五穀豐收，野豬的金鬃，一方面象徵金色的陽光，另一方面則象徵著地面成熟的五穀，弗雷的戰車便由這野豬提供動力。當這戰車在清晨的天空馳騁時，金鬃的黃金鬃毛便成為耀眼的曙光。因為弗雷是保佑五穀生長成熟的神，金鬃用嘴拱地教人類耕耘，弗雷夫婦也被視為肥料之神。弗雷的妻子是霜巨人基米爾（Gymir）的女兒葛德（Gerd），絢麗迷人的北極光就是葛德的青春煥發出來的。

用勝利之劍換取女巨人芳心

奧丁的寶座只有他自己和妻子芙麗嘉才有資格入座，但不僅人有好奇心和逆反心，神亦如此，對沒有權力和機會坐上寶座的神來說，奧丁的寶座充滿了致命的誘惑力。有一天，奧丁離開了阿斯嘉特。弗雷就偷偷坐上了寶座。坐在這個寶座上極目遠眺，可以看到人神魔三界的一切事物。起初，弗雷四處瀏覽，覺得除了眼界特別開闊外，沒有什麼稀奇好玩。正當他納悶為什麼奧丁經常一坐上寶座就癡癡地到處看時，他的目光轉向了極北的霜巨人之國，誰知這一看，弗雷竟在巨人基米爾的莊園內看到了一位曼妙的女巨人在散步。美麗的她不知正在對誰微笑著，她的微笑就像春陽一樣，讓弗雷感覺無比溫暖舒暢。

弗雷對她一見鍾情，可當他打聽到這個美女是霜巨人基米爾的女兒葛德，而且還是被眾神以火刑燒死的夏基的親戚時，便不抱太大希望了。本來他還想請繼母斯嘉蒂引薦，但不巧的是，斯嘉蒂也已經與父親尼爾德分開了。

弗雷明知感情無望，卻無法抹去心頭上葛德的麗影，相思之苦讓他無精打采，形神憔悴，於是人世間也連帶被影響，導致五穀歉收，牲畜不繁殖，人間頓時陷入了糧食減產的災荒。

尼爾德為愛子的鬱鬱寡歡擔憂不已，他追問了多次，卻什麼都問不出來。尼爾德不忍心，就叫來弗雷的隨從史基尼爾（Skirnir），要他跟隨弗雷，找出魂不守舍的原因。

弗雷歎道：「不是我不願意說，只是，說出來也無濟於事啊！」史基尼爾真誠地對主人說：

「我們是一起成長的朋友，到底是什麼事情，讓你這樣連面對我都說不出口呢？」

在史基尼爾再三追問下，弗雷終於對侍從顯露出了平常不可見的脆弱一面。「我看見巨人基米爾的莊園中有位美麗的女子，她的笑容能照亮世間萬物。見過她以後，我的腦海裡全是她的身影！我對她的愛勝過一切，沒有她，我完全感覺不到一絲生活的樂趣，做什麼事都沒有動力。」

史基尼爾終於明白了主人的真實想法，他鼓勵道：「你可以向她提親，把她娶過來啊。」弗雷痛苦地揪著頭髮說：「我們燒死了她的舅舅夏基，她父親一定不會答應把她嫁給我的，而且眾神也絕對會反對這門親事。再說，我們從未見過面，怎能冒昧前往向她表白呢？」史基尼爾見主人這樣痛苦，慨然道：「主人，我很願意為你效勞，但我要一匹能飛越巨人莊園魔法圍牆的寶馬，以及你那把能自動攻擊巨人的勝利之劍。」

弗雷在奧丁王座上看到葛德。

弗雷見史基尼爾如此忠勇，便毫不猶豫地給了他一匹寶馬，並把黑侏儒送給他的勝利之劍也交給了他，還交給史基尼爾十二枚青春蘋果和可自我複製的魔法戒指作為聘禮和定情之物，並將自己在泉水中深情的倒影映在了一塊水晶中，託付給史基尼爾。史基尼爾隨即啟程前往基米爾的莊園。

史基尼爾日夜趕路，來到了基米爾的莊園。在莊園的鹿角圍欄邊，有一隻用鐵鍊鎖住的老狼對著他狂吠。史基尼爾勒住馬，對圍欄內冰塔上的守衛道：「怎樣才能和裡面的女士說到話？」

守衛見來客口氣不小，便毫不客氣地罵道：「哪裡來的人跑到這兒撒野？想跟我們主人的女兒說話，想都別想！」

史基尼爾哈哈一笑道：「你我都有主人使命在身，各不相讓，看來只有拚死一搏了！但我也要告訴你，為了完成任務，我將不惜任何代價。」

葛德聽到了外面的叫罵聲，出來對守衛說：「此人既然有使命在身，請他進來也無妨。」片刻，史基尼爾被迎進了基米爾的莊園。葛德問道：「請問你是誰？或是誰派你來的？竟然能夠越過約頓海姆的圍牆，單槍匹馬到了我們的莊園。」

史基尼爾答道：「我是豐饒之神弗雷的使者史基尼爾，不遠萬里前來向美麗的姑娘奉上我主人的滿腔愛慕之情，以及他表示心意的禮物。」說完便將十二枚青春蘋果獻給葛德。

誰知道葛德笑著婉拒了青春蘋果，「我不會為了青春蘋果而交出愛情的！」史基尼爾又取出魔法戒指遞給葛德道：「這是我主人送給妳的定情之物，與奧丁在巴爾德火葬時獻祭的戒指一樣，每過九個晝夜，就會複製出八枚同等重量的戒指。」

葛德不像一般女性那樣為珠寶所動，依舊回絕了。史基尼爾見葛德如此決絕，便失去了耐心。他一把抽出弗雷給的勝利之劍，在手裡晃來晃去道：「我手中這把刀可是削鐵如泥啊！」

葛德冷笑一聲，「我不會懼怕任何的武力和威脅。如果我父親看到你這樣無禮，絕對會把你關押起來！」

史基尼爾怒道：「那我也一定會為了完成使命而跟他決鬥。」葛德哼了一聲，轉過頭去，不再理睬。

史基尼爾見葛德有如此高貴的氣節與膽識，不由得暗中佩服主人的眼力和品味，也更堅定他要為主人贏得美人的決心，於是高聲說道：「如果我的主人不能得到妳的愛情，我也不會讓其他人得到！我要用盧恩符文封住妳的情感和生活。」

於是史基尼爾高聲叫道：「我要讓這位姑娘永遠得不到愛情！我要讓男性對她望而卻步！我要讓她一直與痛苦悲傷的淚水為伍！讓醜陋和衰老永遠伴隨她！讓人們都躲著她！」然後他說：「葛德，我的盧恩符文詛咒馬上就會生效。」看到葛德被自己裝模作樣念出的盧恩符文嚇得目瞪口呆後，他知道對方已經動搖了。

於是史基尼爾馬上掏出映有弗雷面容的水晶給葛德看，並說：「妳看，這就是俊美的弗雷，是我們神界數一數二的美男子。他時常凝望著妳所在的北方，仰望天空以寄託對妳的思念。妳看他臉上的深情！如果妳願意回覆我主人的心意，我馬上就解開妳身上的符咒。」葛德害怕衰老，更害怕不能享受愛情的甜蜜，再加上她看到弗雷強健俊美的容貌，不由得有點心動。她拿來一個盛滿蜜酒的酒杯請史基尼爾品嘗，並收下了弗雷的定情信物——勝利之劍，表示可以跟弗雷見上一面。

史基尼爾心滿意足地喝了一口蜜酒後，馬上問道：「妳現在必須答覆我，什麼時候跟我的主人會面。」

葛德羞紅了臉道：「有一片名叫普利的密林，那裡氣氛恬適幽靜。我們就約定九天之後的夜晚，在那裡相會。」

史基尼爾聞言，一口飲盡酒杯中的蜜酒，隨即辭別了葛德，立刻趕回去給主人帶來好消息。史基尼爾返回時，弗雷正在院子裡六神無主地踱來踱去，一看到史基尼爾回來，就急著詢問結果。史基尼爾哈哈一笑，「她答應九天之後在普利的密林中與你見面。」

九天後，弗雷終於見到了朝思暮想的葛德。而葛德在看到弗雷本人後，也心生好感。二人就這樣喜結良緣，可惜的是，弗雷付出的代價就是作為定情信物的勝利之劍，這把劍被留在了巨人國，也讓眾神在「諸神的黃昏」跟巨人交戰時，少了一件極具威力的武器與一分勝算。

女妖與魔法之磨

弗雷是仁慈博愛的神，他對崇拜他的世人普降恩澤，把豐饒、食物、和平與財富賜予人類。他有一具黑侏儒獻上的魔法之磨，只要在推動的同時吟唱，你唱什麼，就會磨出什麼東西。你不停吟唱，不停地磨，就會一直源源不斷地出現你唱的東西。但是如同很多黑侏儒奉上的寶物一樣，這個魔法之磨自然也帶有詛咒，有很顯著的缺點，就是非常沉重，即使是力大無比的霜巨人，也只能推幾圈而已。

弗雷對人類是仁慈博愛的，但對霜巨人則是截然不同的嚴厲冷酷。他認為人們的生活太艱難困苦，離他為人類勾畫的藍圖相差太遠，為了讓人類早日邁入豐衣足食的小康社會，他經常將戰爭中擄來的霜巨人拉來推磨。弗雷總是希望能給人類更多的恩惠，這迫切的心願已接近貪婪，他強硬的行為可謂殘酷。很多巨人都因為弗雷責令他們不停推磨而活活累死。即便這樣，弗雷還是經常因為魔法之磨停轉而苦惱，他想要找到可以不眠不休的巨人來為他推磨。

一次，他從祈求他福佑的商船上得到了兩個力大無窮的女妖。這兩個體型巨大的女妖，其實是力量比霜巨人族強大，歷史也更悠久的古老魔族後裔，但包括眾神都不知道她們的出身來歷。弗雷把她們綁在魔法之磨上，命令她們不停運轉，為了不讓她們有些許停歇，他讓史基尼爾在一旁當監工並囑咐：「如果她們停下來，就用鞭子狠狠抽打！」

起初，弗雷要為世人磨出黃金，磨出豐衣足食的幸福日子。後來他覺得遠遠不夠，於是繼續催促她們為世人磨出豐收。過程當中，只要女妖停下來，史基尼爾就會毫不留情地抽打她們。接著，女妖又被要求為世人磨出和平。

不管女妖磨了多久，弗雷都不滿足，直到最後女妖實在精疲力竭，任憑史基尼爾怎樣抽打都撐不下去了。其中一個有氣無力地說：「弗雷，我們磨得夠多了。既然我們能推動如此沉重的魔法之磨這麼多圈，你就應該知道，我們比神族強壯得多。」

另外一個女妖接著說：「我們是歷史比神族、甚至霜巨人都還古遠的魔族後裔，古老的霜巨人和火巨人原本都只是我們的僕役。我們的兇悍和強大，是你們三個種族聯合起來都無可匹敵的，只是當年我族違反了誓言，用魔法之磨製造了非本族生物，也就是巨型母牛歐德姆布拉，才遭了天譴，落到如今被你們這些弱小種族奴役的地步。

「我們使用魔法之磨的時間比你們更加久遠。創世之初的『霧之國』尼夫爾海姆、『烈焰之國』穆斯貝爾海姆以及相關的一切，都是我們用它磨出來的。

弗雷強迫兩個力大無窮的女妖推磨，好讓人類過上豐衣足食的日子。

「後來我們遭受天譴，隨魔法之磨一起陷入地下，黑侏儒又把這石磨發掘出來，並在我們的提醒下知道了使用方法。但地下城的空間有限，黑侏儒無法放置太多魔法之磨磨出來的東西，就把它獻給了你。

「我們在黑侏儒的幫助下回到了地面，人類的戰爭讓我們蠢蠢欲動，憑著天生神力成了傭兵，只不過後來我軍戰敗成了俘虜，才被送來你這裡，沒想到你還強迫我們推動魔法之磨。現在，該讓我們休息了。」但弗雷不為所動，依然要女妖繼續推磨。他說，在人世間還沒有達到他的理想狀態前，不能停止推磨。

於是一天夜裡，滿心憤恨的女妖在推動魔法之磨時，不再照著弗雷的指示吟唱黃金、豐收與和平，而是改為吟唱戰爭，此舉也引來了海盜，不僅屠殺了睡夢中的丹麥人，更將兩個女妖與魔法之磨一同盜走。

海盜們當然也聽過魔法之磨的傳說，他們要兩個女妖推磨磨出當時世上最昂貴的東西，那就是鹽。沒想到，海盜們的貪婪和嚴厲更甚於弗雷，他們不知節制的要女妖在船上磨出鹽，以至於船身最後不堪負重，沉入了海底，自此以後，海水就變成鹹的了。

Chapter 10

森林之神
維達

維達是奧丁與女巨人格莉德所生之子。他高大壯碩，身穿鎧甲，佩帶一把闊背大刀，戴一雙鐵手套，穿著碎皮革拼成的皮靴。正因如此，北歐的皮匠在工作時，都會捨棄邊角皮革，奉獻給維達做靴子。

維達的母親格莉德獨自居住在北方曠野的山洞中，無人知道她為什麼住在山洞中，更無人知道她的來歷。有一次，奧丁為了追逐獵物闖入格莉德棲身的山洞，他沒有為獵物逃逸無蹤而懊惱，因為他為洞中裸睡的美人所傾倒；格莉德被奧丁的腳步聲驚醒，同樣也被奧丁狂放不羈的熱情目光和粗獷悍猛的男子氣概深深吸引。二人相愛的結晶就是維達，維達長大後接管了母親的森林，成為森林之神。

維達初到阿斯嘉特時，眾神都很歡迎他，覺得有這樣一個孔武之神加入，神界實力將會提升不少。奧丁也對這個兒子分外恩寵，特地帶他到烏爾德聖泉旁，請命運三女神為他預測命運。

女神烏爾德說：「孤寂與沉默是他一生的伴侶。」

女神薇兒丹蒂（Verthandi）說：「他會擊敗連你奧丁都無法對付的敵人！」

女神詩寇蒂（Skuld）說：「維達將在『諸神的黃昏』中浴火重生，成為新世界的主宰！」

奧丁聽後非常高興，但一旁的維達卻一語不發。後來，眾神在阿斯嘉特就再也沒有聽過他開口說話，因此，維達被眾神稱為「沉默之神」，成了守口如瓶的代名詞。以至於像提爾這樣沉默寡言的神都被稱為「沉默的維達」。

維達平時不喜歡居住在阿斯嘉特，整日宴飲嬉戲的奢華生活讓他無法適應。相較於森林的幽靜，神界過於喧囂，豪奢的生活方式讓他極度厭倦，後來維達就隱居在廣袤的原始森林中。和其他諸神以金銀珠寶裝飾得極為豪奢的宮殿相比，維達的蘭德維迪宮（Landvidi，意即廣土）則相對簡單樸實，而且永遠伴隨的是沉默與寧靜。

後來，當「諸神的黃昏」到來時，芬尼爾這頭惡狼已經長得碩大無比，牠一口就吞下了奧丁，維達見狀，馬上丟下正在與自己戰鬥的霜巨人，轉而撲向芬尼爾。他一腳踩住芬尼爾的下頜，雙手抓住上頜，集畢生之力，身形如同彈簧一樣暴漲，將芬尼爾撕成了兩半。「諸神的黃昏」結束後，維達在充斥世界的地獄魔水中淬煉重生，與巴德爾等重生的神成為新世界的主宰[21]。

21 跟其他神話體系迥異，北歐神話傳達了極強烈的關於滅亡與重生的觀點。北歐神話中的神是不完美的，因而也要面臨毀滅的命運。但另一方面，北歐神話相信當萬物消亡後，新的生命將再次形成，世界上的一切都是可循環再生的，而維達則被視為不滅的自然力的擬人化存在。

Chapter 11

愛與美之神
芙雷雅

芙雷雅找到奧多爾後，兩個人會在一起待幾天，但每當芙雷雅以為丈夫會因為自己的辛苦尋覓而收心時，奧多爾就會再度離開。傷心過後，芙雷雅便又再度踏上尋夫的路程。她的交通工具有兩樣，一是心愛的寵物——貓拉的金車；二是鷹羽衣，只要披上它，就可以化為鷹隼在天上飛行。

女人是需要有人愛、有人陪的，女神也不例外，經常受丈夫冷落的芙雷雅與阿薩諸神都有過親密接觸。雖然芙雷雅身邊從未缺過男人和男神，但他們都只是過客，能讓她追逐不捨的，只有丈夫奧多爾。

與丈夫重逢的芙雷雅。

用靈肉換取黃金項鍊的芙雷雅

有一次，芙雷雅在普利密林的安石榴樹下[23]找到了丈夫奧多爾。小別勝新歡，他們當然再次度過了一段愉快的時光，不過，當芙雷雅在綠草如茵、繁花似錦的草地上醒來，依舊發現奧多爾還是離開了。

芙雷雅痛苦萬分，如行屍走肉般漫無目的地走了很久，突然間，她聽到了叮叮噹噹的敲打聲，才知道自己已不知不覺走到了地下城，便好奇地朝聲音傳來的地方走去。她知道黑侏儒歷來心靈手巧，卻從未親眼見過。他們是不是真的很黑、很矮、很醜？她來到了一個岩洞前，看見四個黑侏儒正圍著爐子製作一條精美絕倫的黃金項鍊——布里希嘉曼（Brisingamen），一邊討論如何使這條項鍊更加精緻。

天下沒有不喜愛珠寶和華服的女人，芙雷雅心想，如果能得到這件黑侏儒製作的金項鍊，或許可以填補丈夫出走所帶來的空虛失落。想到這兒，芙雷雅就決心要得到這條黃金項鍊。於是便大方出現在四個黑侏儒面前，向他們打招呼。

美麗的芙雷雅一現身，就讓四個黑侏儒看得傻掉。片刻後，他們才清醒過來，也猜到了她的來意。這麼美貌的女人只可能是愛神芙雷雅，能吸引她進屋的，想當然耳是這剛出爐的首飾。於是他們開始誇讚這條項鍊，並一邊奉承只有天下最美的芙雷雅才配得上這條項鍊，只要戴上這條項鍊，更沒有男人可以抵擋她的魅力。

芙雷雅心動不已，更加想要這條項鍊，沒想到四個黑侏儒卻異口同聲堅決不賣，還故意使出欲擒故縱之計，搞得芙雷雅更是想要盡一切辦法得到金項鍊，最後，為了得到這條無與倫比的項鍊，芙雷雅咬著牙，分別陪著四個黑侏儒過了一夜，才如願以償地得到了這條美麗的項鍊。

23 北歐人直到現在都有在新娘頭上佩戴安石榴花的習俗。

得到項鍊的芙雷雅，立刻回到自己的斯靈尼爾宮。恰巧洛基過來找她商借鷹羽衣，眼尖的洛基一眼就注意到愛神胸前的金項鍊，他立即打消了商借鷹羽衣的想法，只想弄清楚她胸前奢侈品的來歷。

芙雷雅告訴洛基，項鍊是奧多爾送給她的。但洛基知道，這樣做工精良的極品金項鍊只有地下城的黑侏儒才能打造出來，而芙雷雅要得到這樣珍貴的逸品，肯定付出了代價。

隨後，洛基就刻意到處散布消息，在眾神面前添油加醋地講述芙雷雅用美色向黑侏儒換取金項鍊的浪蕩行為。但眾神都對此不以為然，因為芙雷雅不是他們的家眷，又屬於華納神族。大家都認為，她想跟誰在一起是她的自由，除了她丈夫，別人無權干涉。

由於芙雷雅在神界人緣極好，洛基到處宣揚她的隱私，反而引起了眾神的反感。久而久之，連奧丁都對洛基唯恐天下不亂的行為感到厭煩。為了平息眾怒，奧丁找來洛基，「如果你說的事情屬實，那就應該把芙雷雅的黃金項鍊拿給我們驗證一下，看看是不是黑侏儒的工藝。」

洛基道：「芙雷雅現在如此重視這條項鍊，怎麼可能取下來給我啊？況且，她現在只怕連見我一面都不肯吧！」

奧丁冷笑道：「你不願意證明自己說的話，那你這麼多天來在眾神面前說的，就是惡意中傷芙雷雅了！你若不拿出項鍊為自己作證，那就不要待在阿斯嘉特了。神界不允許你這樣搬弄是非的神存在。」洛基見奧丁如此表態，便表示以後永不提此事。但奧丁毫不讓步，非要他拿來項鍊才肯甘休。

為了取得黃金項鍊，洛基咬了咬牙，來到了芙雷雅的斯靈尼爾宮，決定用他一貫的偷雞摸狗得到項鍊。

洛基在芙雷雅的寢宮外徘徊了許久卻不得其門而入，於是只好化作一隻蒼蠅，沿著芙雷雅寢宮外牆爬行摸索，找了許久，終於在屋頂找到了一個小孔，鑽進了芙雷雅的房間。此時芙雷雅正在臥榻上安心午睡，於是洛基又幻化為一隻蝨子，跳到芙雷雅脖子上叮了一口。芙雷雅在睡夢中翻了個身，被壓住的項鍊終於露出來了。洛基輕輕解開了項鍊，輕緩地抽出來，然後拿著項鍊躡手躡腳打開房門離開。

芙雷雅醒來後，覺得胸前空蕩蕩的，用手一摸，發現項鍊不見了。她看到窗戶都是緊閉的，房門沒有被破壞的痕跡，但卻是打開的，便知道這必定是洛基所為，於是又羞又惱地跑到了奧丁宮中，當面責問奧丁，「聖潔的阿斯嘉特居然也會出現盜賊，你看該怎麼辦？你無需費心尋找疑犯，只需替我拿回失物即可，因為我肯定洛基就是盜賊，他來我宮裡偷東西，一定是受人指使。這個在背後為他撐腰的人權勢一定很大，而在神界能慫恿他幹這樣膽大包天的事的人只有一個，那就是你！」

奧丁聞言後不驚不怒，只是笑道：「我這麼做也是為了妳，這段時間洛基到處宣揚妳的醜事，我為了平息議論，也為了堵住洛基的嘴，才會給他出難題，要他拿出項鍊來證明他說過的話，沒想到他還是不擇手段拿到了。」

芙雷雅以不容商量的語氣說：「不管你的動機和目的是什麼，你都必須負責幫我拿回項鍊！」

奧丁說：「可以，但妳和黑侏儒的事鬧得人盡皆知，妳必須為神界做些事，好堵住眾神議論的嘴，而且，妳也不會希望這些事情傳到奧多爾那裡吧？只要妳讓人間最強大的兩個國家兵戎相見，而且讓戰事持續到世界末日，我就把項鍊還給妳。」

芙雷雅急切地想要討回項鍊，更想讓奧丁出面平息神界對她的議論，所以馬上答應了這個條件。奧丁二話不說，隨即歸還項鍊，因為他相信，以芙雷雅的美色，在神界都能引起如此軒然大波，在人間就更不用提了。

在人間挑起戰爭的芙雷雅

就在奧丁決定懲罰芙雷雅的同時，挪威國王赫丁（Hedinn）時常統率他的艦隊四處征伐，在溫暖的南方國家掠劫了不少財物，還成了這些國家的宗主。赫丁年紀輕輕就聲名遠播，挪威也因此成為當時最國富兵強的國家。

一次，赫丁在打獵時與隨從走散，在叢林中迷了路，突然看到一位姿態優雅的美女坐在林間空地上。赫丁好奇地走上前去問道：「這位女士怎麼會獨自一人在密林中？這多不安全，妳家在哪裡？我送妳回去吧。」

此美女正是芙雷雅。她莞爾一笑道：「我是這片林地的主人，叫戈恩多爾（Gondul）。你是誰，為什麼私闖我的領地？而且沒有自我介紹就直問我的名字，實在無禮。」

赫丁趕緊報上了自己的名號，「真抱歉，剛才為妳的美麗所震懾，只想馬上知道妳的名字而忘了介紹自己。我是挪威國王赫丁，剛剛打獵時因為追趕獵物而迷路。妳一直待在這幽靜之處，可能不認識我，但只要走出這座森林，在路上隨便拉一個人問問，沒有人不知道我的。」赫丁像所有要博得美人歡心的年輕人一樣，講述了自己的身分來歷和豐功偉業。

芙雷雅粲然一笑，「你真是不簡單啊！」說完又撇著嘴說：「你把自己說得這麼所向披靡，但我卻聽說還有個人可以跟你並駕齊驅，那就是丹麥國王霍格尼（Hogni）。」

男人在心儀的女人面前都是好勝的，尤其對方還當著他的面誇獎另一個男人。果然，當赫丁聽到芙雷雅這麼說時，恨不得馬上跟丹麥國王一爭高下。他對芙雷雅說：「是嗎？要不了多久我們就可以一決高下了！」

芙雷雅掌控局勢，欲擒故縱地跟赫丁調情。當她覺得赫丁已經上鉤時，突然說：「天色已晚，你的侍從還沒找到你，現在一定心急如焚。」她知道控制男人最好的辦法就是讓他得不到，同時還要給他以希望。

赫丁只好戀戀不捨地起身，意猶未盡地問道：「今日一別，不知何時才能再見到妳？」

芙雷雅用她勾人的眼睛看著赫丁說：「希望你下次見到我時，能告訴我你和霍格尼一分高下的故事。」

隨後兩個人就交戰了起來。但由於他們二人對彼此的技藝了解頗深，所以儘管使出畢生所學，卻是誰也佔不了上風。他們率領軍隊從白天殺到晚上，從馬上殺到地上，但仍然不分勝負。每天深夜，雙方鳴金收兵，兩位國王都帶著殘兵回營休息。而這時候雙方交戰死去的士兵則會變成石頭，靈魂則進入英靈殿。到了第二天早上，兩位國王就會用自己的尿液將石化的將士復活，然後雙方又繼續廝殺。

芙雷雅不辱使命，為神界擴充了武力。就這樣，兩位國王之間的戰爭一直持續到世界末日來臨之時，他們也一直為奧丁輸送英靈戰士，直到諸神的黃昏降臨。

Chapter 12

命運
三女神

命運女神（Norn）是個總稱，她們一共有姐妹三人。姐妹三人並非阿薩神族的成員，但她們對命運的判詞卻是眾神都必須服從的。姐妹三人的預言制定了人神魔和整個宇宙的發展。三女神居住在世界之樹下的烏爾德之泉，這也是阿薩諸神開會的地方。她們經常以將來的罪惡和後果警示諸神，希望他們珍惜當下並避免做出錯事。

命運三女神分別是大姐烏爾德、二姐薇兒丹蒂、小妹詩寇蒂，各自代表過去、現在和未來。

烏爾德年長而衰老，時常回首張望，似乎在念念不忘過去的什麼人或事；薇兒丹蒂則是風華正茂之年，青春陽光，與大姐不同的是，她一直都目視前方；詩寇蒂經常把臉罩在面紗後，不以真面目示人。她手中要不拿著一本書，要不就是拿著一卷紙，但卻從不翻看。

三女神在世界之樹下司掌兩件事：一是灌溉世界之樹，二是編織命運之網。為了保證世界之樹長盛不衰，三女神每天都必須從烏爾德之泉汲取泉水來澆灌世界之樹。她們還順便替青春女神伊登看管樹上所生長的青春蘋果，只許伊登前來採摘。

命運三女神日常主要的工作就是把各自搓成的命運之繩結成命運之網。她們織網的繩子很像

命運三女神居住在世界之樹下的烏爾德之泉，每天都將命運之繩編入命運之網，因此她們也能預言人的命運。

毛線，且顏色隨時在變換。世間每個人誕生之際，她們就已將其一生的命運之網織好。三姐妹在織網時，時常吟唱一種莊嚴的聖歌。此時她們處於淺表層的意識游離狀態，並非按自己的意志織網，而是在遵從奧洛格（Orlog）的意志行事——奧洛格是宇宙間最古老、最強大的一種能量，更是一種無始亦無終的精神存在，掌控著渺渺之中至玄至妙的奧祕。在祂的意念下才有了世間萬物，宇宙中的所有，都是在祂的意識下創造的。

給諾恩納格斯塔的預言

命運三女神中的大姐和二姐脾性溫良隨和，而小妹則脾氣乖僻，常常把快要織好的網扯得粉碎丟到空中，任其隨風飄散。所以世上會出現很多前後矛盾的事，以致很多人時而糊塗，時而聰明，時而勇敢，時而懦弱；有人多才而短命，有人無才而長壽。

命運三女神經常會裝扮成女預言家在人間隨性遊歷，為求卜算命之人指點迷津，有時甚至會主動拉住經過身邊的人，警示他們即將遇到的災禍並告以趨避之道。有一次，她們在丹麥遊歷，經過一座貴族的宅邸。她們早在織命運之網時就知道這戶人家的女主人會誕下一名男嬰，便逕自登堂入室。男主人看到來人是女預言家，便將她們奉為上賓，大設酒宴款待，而且向她們詢問兒子的命運。

於是三位女神在眾人簇擁下直入產婦臥室，並被安排坐在產婦床前，此時大家都還不知道她們的真實身分。

大姐烏爾德笑著預言說：「這孩子將來是個強壯勇武、英俊瀟灑、武藝高強的武士！」

二姐薇兒丹蒂的預言跟大姐差不多，她接著烏爾德的話尾說：「這個孩子將來能成為富甲一方的獵神，而且還會成為才華洋溢的詩人！」

三妹詩寇蒂還未開口，房間裡已蜂擁擠進想要一睹預言家奇蹟的眾人，他們前呼後擁想要看個熱鬧，卻沒想到將這個命運女神推下了座椅。

詩寇蒂從地上站起來後，對無禮的人類大為光火，她高聲說道：「沒錯！這個孩子確實前程似錦。但可惜的是，我的兩個姐姐給了他極佳的運勢，他卻沒有足夠的時間來享受。因為，他的壽命將跟床前的蠟燭一樣長，蠟燭燃盡之時，也是他歸西之日。」

大家被這話嚇得目瞪口呆，這才意識到剛剛的行為已經惹火了這位女預言家，再看一看床前的蠟燭，竟已燃去了大半。眼看著這個新生兒才剛出生，就已經一腳踏進了墳墓，可憐的母親眼淚止不住地滾落下來。孩子的父親氣得對眾人大吼，「誰讓你們進來的？」

另外兩個命運女神十分尷尬。她們不願意自己預言的優秀貴族就這樣快速殞沒，但她們說出去的命運判詞卻又無法更改、逆轉。苦思良久，她們才得到一個讓嬰兒擺脫厄運的良方。

烏爾德將床頭的蠟燭吹熄，遞給那位母親說道：「這段蠟燭是妳兒子的生命，妳一定要妥善保存。只要蠟燭不被燃燒殆盡，妳兒子就會一直健康地活著，而且還會長命百歲。只要妳兒子想要離開人世，把蠟燭拿出來燃完，他就會毫無痛苦地死去！」

這個峰迴路轉、柳暗花明的結果，讓這家人感激涕零，他們把三位女預言家奉為神明，頂禮膜拜。就連不近人情的三妹詩寇蒂也都甚為滿意，對大姐感佩不已。

等這家人想要重金酬謝三女神時，她們卻突然憑空消失於夜色中。在場眾人才知道自己遇到的是命運三女神。為了紀念三位賜福給兒子的女神，這家貴族就為兒子取名諾恩納格斯塔（Nornagesta）。

慢慢地，諾恩納格斯塔長大了，他的家人也一直藏著那半截蠟燭。諾恩納格斯塔成年後，憑藉他的勇武，成了一名威震四海的海盜頭目，他率領船隊侵略了很多富庶的國度，贏得了大量的財富和聲譽。而他同時也是一名才華洋溢的詩人，在贏得勝利和名望的同時，也使對手迷惑折服。

終於，諾恩納格斯塔的父母都老了。他母親在臨終時將與他性命相關的蠟燭交給了他，並把諾恩納格斯塔出生時的事情告知了他，「因為在你出生時，有了命運三女神的預言加持，你的人生才會如此順利。你會擁有才華，享有揮霍不盡的錢財，也會得到所有人的敬重。但如果這根蠟燭燃盡，你的生命也會隨之終結。所以，你一定要將它收好，不要被其他人發現。但如果你厭倦生活了，可以自行燃盡蠟燭來陪我們。」

雖然諾恩納格斯塔的壽命很長，但還是會衰老，只不過衰老的時程比一般人慢很多。而且，直到晚年，他都還擁有健壯的體格和充沛的精力。諾恩納格斯塔活了三百多歲也還不厭倦生活。

後來，歐拉夫（Olaf）國王強迫丹麥人都信奉基督教時，這位曾經雄霸一方的英雄卻也因為無可抗拒的衰老而無法對抗國王的強權了。歐拉夫為了強迫諾恩納格斯塔接受基督教的洗禮，也為了向世人證明命運三女神的預言和阿薩諸神是不可信的，就以武力強迫和收買其僕役，以卑劣手段將諾恩納格斯塔的殘燭當眾燃盡。果然，蠟燭燃盡之時，諾恩納格斯塔就倒地身亡了[24]。

24 到十一世紀，維京人在歐洲的勢力達於鼎盛，此時也是北歐神話的全盛期。十三世紀後，維京人式微，歐洲教會的勢力大增，維京人也被迫改信基督教、天主教，北歐神話開始失傳，只剩冰天雪地的冰島還有吟遊詩人以詩歌及散文的形式傳誦北歐神話。

Chapter 13

彩虹橋守護神
海姆達爾

Chapter 14

公正之神
凡賽堤

公正之神凡賽堤是光明之神巴德爾和妻子南娜之子，是阿斯嘉特最聰明、最公正不阿、同時還是最擅長雄辯的神。他一出生，就執掌公正與和解的事業，每天都聽取並受理諸神及人間的訴訟紛爭，並做出最公正的裁決。由於他極為公正，又善於辯論，所以他下定的判詞無論神還是人都心服口服。在他面前所發之誓，無人敢背叛，否則就會受到他最公正無私的懲罰——死刑。北歐人相信，他們最初的法律即是凡賽堤所立，他是人間一切法律的制定者、規劃者和執行者。

早在很久以前，北歐人便想要制定一套讓各階層都能遵守的法律，於是他們從自己的部族中推選出十二位最睿智的長老來制定這最早的北歐法律。這十二位長老到自己附近的各個部落去了解各種習慣風俗，準備作為制定法典的參考。當初步的籌備工作完成後，長老們決定駕著一艘船，出海尋找清靜的地方，細心研究如何制定法律，但天有不測風雲，他們的小舟在海上被狂風暴雨吹得迷失了方向。

船上的十二位長老被風暴吹得七葷八素，精疲力竭，無力控制航向，船也因為風雨而快承受不住了。長老們實在沒有辦法，唯有向凡賽堤祈禱。突然，他們發覺船上多了一位長老。這位憑空出現的神祕陌生人一語不發，逕自坐到了船尾掌舵。小船在他的駕駛下順利穿過了暴風雨，停靠在一座小島上。這個後來出現的第十三位長老棄船登陸，原來的十二位長老都跟在他身後上岸。那位長老從背後取下一把斧頭向草地上砍去，草叢中立刻湧出一泓清泉，他俯身掬泉而飲，其餘十二位長老也依樣照做。

說來也怪，十二位長老剛才在暴風雨中因為暈船帶來的各種不適頓時消失。安定下來之後，十二位長老仔細端詳這位後來出現的長老，覺得他與他們十二位中的每個人都有些相像，但的確是另外一個人。

這時，第十三位長老開口了，他的發言始而徐緩，繼而漸快。十二位長老也漸漸聽出他是在口述一部法典，其內容周到地涵蓋了十二位長老長期以來了解的各部落種族的風俗習慣，而且很巧妙地融合了那些優點。

他口述的這部法典，先是界定了常見的糾紛和處理方法（相當於現在的民法），其中有對界標、狩獵權、伐木和搜集柴火權、放牧權的定義，也有對誹謗、諷刺、中傷他人、偷盜他人牲畜、弄酸他人奶油、引誘他人蜂群、對別人的傷害與判處責罰。接著，他也對違反貿易規則、出售假貨、藐視公德、傷害族群利益的行為，制定了賠償、放逐、吊刑等懲罰手段。

北歐人在「赫里戈島」上修建了真理聖殿以紀念凡賽堤。重大案件的審判裁決都在聖殿舉行。

他還針對自殺、決鬥、比武、縱火及各種殺人方式，甚至最可恥的暗殺等，都做了界定（相當於現在的刑法）。他甚至還為死者家屬訂定賠償的準則，並保證每個人的人身、家庭、財產和名譽免受侵犯。

他制定的法律在判罰時也很人性化，在不影響大原則的情況下，是允許稍微變通的。例如在涉及個人榮譽的問題上，如果原告對律法的解決和賠償不滿，可與被告決鬥、訴諸武力，但必須有見證人，並事先對被告進行明確的宣告。

在一口氣宣讀完所有的法律條款後，第十三位長老就突然消失了。他所說的最後一句話還在十二位長老的耳邊回響：「法律將為土地帶來興旺，沒有法律的土地終將荒蕪！」這也成了北歐人津津樂道的至理名言。

這時十二位長老方才知道這個從天而降的陌生人是凡賽提。於是他們把凡賽提親自為人類立法的這個島嶼命名為「赫里戈島」（Heligoland），並在島上修建了真理聖殿以紀念他。這個真理之島是北歐人敬仰的聖地，即使最膽大妄為的維京人的戰船都不敢侵犯。而十二位長老在赫里戈島上的立法聚會，是此後法庭上的十二人陪審團裁決模式的雛形。

北歐人對凡賽提有著無以復加的尊敬之情，這種崇拜反映在他們的日常生活中，就是對法律的尊重和嚴格執行。他們相信法律能保證每個人的自由、平等和尊嚴。他們認為，在法律之前，人人平等，任何爭端和糾紛都應在法庭上公開民主地解決。重大案件的審判裁決都會在神聖的赫里戈島上的真理聖殿舉行。屆時，法官、律師和陪審團都須先飲用島上由凡賽提挖掘的真理之泉，以此紀念這位公正之神，並向他和世人表明自己公平公正的道德準則。

這泉水是如此神聖，以至於凡曾飲用此水的牛羊亦不得宰殺。凡賽提認為，陰冷黑暗的冬季會讓人心情抑鬱，進而被情緒操控做出負面且不公正的裁決，所以是不宜審判的，他只在春夏秋三季主持天地間的重大裁判。古代北歐人在冬季也不開庭，因為他們認為這時候光明正直之心不會存在。

在阿斯嘉特的眾神中，只有凡賽堤沒有參加諸神的黃昏的神魔大決戰。因為諸神經常違背諾言，撕毀條約，因此作為以公正守信為行事準則的真理與正義之神是不會參與這場決戰的。他既沒有參戰，也不在倖存諸神之列，正是因為正義與真理永遠不變，他也永遠不滅。

Chapter 15

女武神
瓦爾基麗

奧丁和戰神提爾的貼身侍女被統稱為女武神，又稱為瓦爾基麗。她們都是美麗的戰士，來自人間的公主或奧丁的女兒，有時，人間發誓終身侍神的童貞處女也會被選取，成為不死的女武神。

瓦爾基麗的日常事務就是挑選人間戰場上的烈士來到英靈殿，為「諸神的黃昏」備戰。瓦爾基麗的人數一般都是九的倍數。她們都是年輕貌美的少女，有著白嫩的手臂，奶油般的酥胸，色同蜂蜜的飄逸金髮。她們身著金盔銀甲，血紅色的緊身戰袍勾勒著優美的身體曲線。她們手中是閃著電光的長矛和盾牌，身下騎著精悍的小白馬。這些白馬平時帶著瓦爾基麗們在人間戰場的上空馳騁，還能負載戰死的英靈邁過彩虹橋，進入英靈殿。

女武神的日常事務就是挑選人間戰場上的烈士來到英靈殿，為諸神的黃昏備戰。

瓦爾基麗們不僅在陸地戰場上挑選慨然赴死的英烈，也會到海上的戰船挑選維京勇士（北歐海盜）。當維京人看到瓦爾基麗降落在戰船的桅杆上時，就知道升天之日已經來臨。這些悍不畏死的海盜會奮力搏殺，並在死亡之際得到女武神的死亡之吻，然後被帶入英靈殿。

女武神們平時就跟這些升天的英靈戰士生活在英靈殿。每當晚宴時分，她們會脫去戰袍盔甲，盡顯其紅粉本色，扭動著半透明紗衣下的軀體，為神殿裡面的英靈戰士斟酒奉食。這樣的歸宿是北歐勇士們最為嚮往的結局。

沃蘭德與瓦爾基麗

女武神們也時常結伴下凡，她們會披上天鵝羽衣，化成編隊的天鵝飛過我們的頭頂。一旦遇到清潔幽靜的湖泊溪流，她們就會脫下天鵝羽衣入水，在水中游泳嬉戲。傳說藏起她們的羽衣，她們就無法飛回神界，從此長居人間。

拉普蘭王國有三位王子：斯蘭格斯（Slagfiðr）、艾吉爾（Egil）和沃蘭德（Völundr）。他們酷愛滑雪狩獵，在國家境內的狼谷（Úlfdalir）有一座湖畔行宮專供他們狩獵後休息。有一天，兄弟三人又外出打獵，在湖畔看見三個美少女在湖中戲水，她們分別是女武神奧爾露恩（Olrun）、赫爾薇爾（Hervor）和荷拉斯古絲（Hlathguth）。美少女身上的薄紗浸水後緊貼在身上，姣好體態吸引三位王子看得目不轉睛，忘了原本要打獵的目的。他們再一看，發現粗心的女武神把天鵝羽衣掛在湖畔樹枝上，於是便照著傳說，藏起了天鵝羽衣。丟失了飛行工具的三個女武神無法回到神界，只能留在地面。

女武神送英靈戰士通過海姆達爾守衛的彩虹橋。

這時，三位王子走出林地，對三位美麗的少女表達關切，並邀請她們一同回去住處。三位女武神迫於形勢與無奈，只好跟王子們前去行宮更衣，之後更是一起共進晚餐。過了幾天，王子們便向各自心儀的女武神求婚。三位女武神也傾心王子，便接受了求婚。奧爾露恩成了斯蘭格斯的妻子，赫爾薇爾成了艾吉爾的妻子，荷拉斯古絲成了沃蘭德的妻子。

三位王子愛美人不愛江山，逍遙自在地在湖邊跟妻子生活了七年。到了第八年，三位女武神開始厭倦這樣一成不變的穩定生活，懷念起馳騁沙場的日子。她們設法從丈夫口中套出了藏匿天鵝羽衣的地點，然後開始暗中準備。到了第九年，她們趁三位王子結伴出去打獵時，披上天鵝羽衣飛走了。

王子們回家後，遍尋不著妻子，本以為妻子只是飛出去玩一圈就會回來。誰知他們等了又等，妻子們還是沒有回來，於是兩位王子便先行回到了皇宮。

只有沃蘭德無法走出陰霾，於是在狼谷中不停地用工作來麻醉自己，他把時間都拿來用在冶煉鍛造金屬器具上。由於沃蘭德本身就手藝精良，心灰意冷的他把以前用來陪伴妻子的時間都花在了鍛鍊手藝上。慢慢地，他的技藝達到了登峰造極的地步，他打造的器具，精美程度甚至超過了黑侏儒用魔法打造的東西。要知道黑侏儒最擅長的就是工藝，但現在沃蘭德一登場，黑侏儒立刻被比下去，而且差距還很大。

有兩個黑侏儒擔心沃蘭德會蓋過他們的鋒頭，再也沒人來找自己，便決定殺死沃蘭德。他們時常在夜間埋伏在沃蘭德住處門外，監視他的動向，隨時伺機而動。

雖然沃蘭德有著超群的工藝技術，但同時還是一位出色的戰士和獵人。所以他早就察覺到兩個黑侏儒的動機和目的，便決定先下手為強，在他們經常埋伏的地點設置陷阱，捕殺了這兩個圖謀不軌的黑侏儒，處理完屍體和陷阱以後，他決定離開帶給他傷心回憶的狼谷。

每當晚宴時分，女武神就會換下戰袍盔甲，為神殿裡面的英靈戰士斟酒奉食。

他砍倒一棵大樹，坐在上頭飄洋過海，到了對岸的國家，在那裡用新的身分待下來，憑藉自己的手藝為人製作刀具。由於他技藝精湛，被召入宮內為國王服務，專門管理和保養國王的三把餐刀。

一天，沃蘭德在海邊沖洗國王的餐刀時，不慎被海水沖走一把。為了不被國王發現，他依照記憶中的樣子，悄悄打了一把一模一樣的餐刀。由於他的手藝精良，連國王都沒看出來這把餐刀是複製品。

有一次當國王用這把餐刀切麵包時，一刀下去不小心用力過猛，居然把餐桌切成兩半。國王大為驚訝，立刻下令追查是誰打出了如此鋒利的刀。眼看無法再低調地隱藏，沃蘭德只好承認是自己所為。此後國王十分器重沃蘭德，更讓他為自己打造佩刀。

沃蘭德成為御用工匠，原本的御用工匠自然就不再受到國王重用了。工匠不服氣，要求和沃蘭德比試。他說，如果沃蘭德的劍能劈開他做的頭盔，他就心服口服。

兩人比試那天，國內的王公貴族、工匠與平民百姓都前來觀戰，簡直是盛況空前。前任御用工匠全副武裝，戴著自己新製的頭盔，要沃蘭德當眾砍他的頭盔。沃蘭德拔劍輕刺頭盔，然後問道：「你現在有什麼感覺？」

工匠答道：「頭盔好像有點風吹進來。」

沃蘭德道：「你的頭盔可能不夠嚴密，所以才有風吹進去吧！」

工匠取下頭盔一看，發現頭盔已經被劍刃劈開，遂對沃蘭德佩服得五體投地，不再糾纏他。從此沃蘭德在內東國過著呼風喚雨、萬人敬仰的生活。但也由於他得到了國王太多的恩寵，遭人嫉妒。後來有人在國王面前進讒言，挑撥他和國王的關係。沃蘭德得知這一情況，與那人爭執時，一怒之下將其殺死，被國王逐出了國境。無處可去的沃蘭德又回到那個帶給他傷心回憶的狼谷。

回到狼谷後，沃蘭德難免睹物思人。每當想起妻子時，他就用工作來麻醉自己，轉移思緒。當熊熊的爐火生起，沃蘭德揮汗如雨地掄鎚鍛造時，就會暫時忘記妻子。因此，他的鎚下也鍛造出了各種樣式的戒指和臂環，他把這些作品串起來，每天晚上難以入眠時就拿在手中把玩，直至入夢。狼谷地下城的黑侏儒們知道沃蘭德回來了，很想除掉他，但知道他的手藝比以前更高強，怕失手後反被他殺死，於是想出了一條借刀殺人的毒計——四處放話說狼谷有個寡居多金的人。

謠言傳到了鄰國國王尼德哈德（Nīðuðr）的耳朵裡。他聽說沃蘭德有那麼多的金戒指和金臂環，頓時起了貪念。

一天夜裡，尼德哈德率領一隊人馬悄悄越過國境線，來到了狼谷，躡手躡腳逼近沃蘭德的住處。他們發現房間內沒有動靜，知道沃蘭德還沒回來，於是闖進了房間。尼德哈德看到房間裡那些沃蘭德精心打造的金戒指和金臂環，簡直愛不釋手，但為了不打草驚蛇，他只把其中最漂亮、最貴重的一只臂環套在了胳膊上，其他的都放回原處，然後領著手下退出了房間，埋伏在屋外的草叢中。

半夜時分，沃蘭德打獵歸來，一身殺氣的他嚇得尼德哈德的手下全身發抖。所以尼德哈德放棄了伏擊他的想法，準備等沃蘭德睡著後再偷襲。

沃蘭德一返回住處就生火烤肉，飽餐後很快就睡著了。等沃蘭德醒來時，發現自己已經被五花大綁，躺在尼德哈德的皇宮大廳。王后對尼德哈德說：「這個人滿臉殺氣，看起來真是可怕！」但尼德哈德有恃無恐，覺得自己已經完全控制了沃蘭德，於是把沃蘭德最精美的臂環送給了女兒柏斯薇德（Böðvild），而將那把刺穿御用工匠頭盔的寶劍掛在自己的腰上。

尼德哈德強迫沃蘭德繼續為他打造首飾和武器。每當沃蘭德在冶爐旁生火、準備鍛造時，王后總會提醒國王，「你要提防這條毒蛇，他現在雖然低頭幹活，但他的眼神就像刀子一樣，恨不得刺穿牆壁。每次他看到你腰間的佩劍和柏斯薇德的臂環，就咬牙切齒，眼中彷彿能噴出火來。你最好讓他失去行動能力，把他關在戒備森嚴的地方。如果他伺機逃脫，我們就可能性命不保。」

尼德哈德想了想，覺得這番話確實有道理。於是就命人割斷了沃蘭德的腳筋，把他囚禁在一孤島上，讓他在那裡為自己打造各種器具。

每當拉風箱時，沃蘭德都會暗中詛咒尼德哈德，在敲打鐵塊時更會怒吼，「我精心打造的寶劍居然佩帶在小人的腰間！為妻子打造的臂環戴在仇人女兒手臂上！而我只能眼睜睜看著卻無能為力！」沃蘭德一邊怒吼，一邊把惡毒的詛咒鑄進他製作的每一件器具裡面，無時無刻不在盤算復仇的方法。

尼德哈德有兩個兒子，經常來沃蘭德待的這座島上訂做刀箭獵具，好在狩獵時在其他貴族面前炫耀。

沃蘭德面對仇人的兒子，每每隱忍下來，專注地為他們打造獵具。漸漸地，沃蘭德就和他們無話不談了。有一天，兩個王子又來到了沃蘭德的住處，他們看見牆角有一只從未見過的大箱子。二人好奇問道：「裡頭裝了什麼？能讓我們看一看嗎？」沃蘭德把鑰匙遞給他們。兩個王子打開箱子，看到箱裡全是黃金，耀眼的金色光芒照得二人睜不開眼。

沃蘭德在一旁說道：「這些黃金對我來說沒什麼用了。明天你們可以來我這裡取走，但絕對不能讓其他人知道你們的行蹤！一旦走漏風聲，這些黃金就只能屬於你們的父親，而不是你們了！」

翌日天剛亮，兩個王子就偷偷爬起來，避開眾多僕役和侍衛，划著小船來到囚禁沃蘭德的島上。正當他們貪婪地拿取箱中黃金時，沃蘭德撐著雙手迅速爬到他們背後，手握著先前偷偷留下的材料所製造的寶劍，砍下了兩位王子的頭。他把兩個王子的身體投入冶爐中，再把他們的頭蓋骨做成兩個酒杯，鑲上銀邊獻給尼德哈德；王子的牙齒被做成了項鍊，送給公主柏斯薇德佩戴；眼睛則煉成寶石，打造成手環，送給王后。

國王、公主和王后十分喜歡這些器皿首飾，只捨得在盛大的宴會和節日等正式場合使用，順便向人們炫耀工匠的精湛手藝。由於兩個王子先前並未對任何人透露行蹤，所以無人知道他們來過囚禁沃蘭德的小島，大家只當他們外出遊玩失蹤或墜海了。

有一次，柏斯薇德公主不小心弄斷了沃蘭德打造的臂環，她擔心父親責怪，便跑去找沃蘭

喝酒；王后戴的手環，鑲著我用他們的眼睛煉出來的寶石；公主的項鍊，是用王子的牙齒煉成。兩位王子隨時都在親吻你們、注視你們、守護你們！」

尼德哈德痛苦地大叫：「你這個魔鬼，我要把你碎屍萬段！」說著取下旁邊的弓箭向沃蘭德當胸射去。但沃蘭德卻不閃躲，反而挺胸讓利箭射入自己的心臟，頓時鮮血直濺。但沃蘭德隨後卻展翅飛了起來，解下胸前的一只袋子扔在他剛坐過的屋頂上，裡面裝的是從兩個王子身上提取的鮮血，鮮血頓時灑滿了整個屋頂。

尼德哈德連續遭受女兒失貞、兒子被害的打擊，再被眼前的鮮血一嚇，頓時癱倒在地，不省人事。

「我不會忘記你對我做的那些事情，你就留著那些我用你兒子做的珠寶吧！」說完，沃蘭德騰空飛走，繼續尋找他朝思暮想的妻子去了。

沃爾松格家族

女武神與人間的英雄戀愛成婚的故事很多，其中最為深情的是布倫希爾德（Brynhildr）這位女武神。布倫希爾德是奧丁的侍女，也是瓦爾基麗們的首領。她與北歐屠龍英雄希格爾德（Sigurd）[25]的愛情故事已被改編成多部作品。

希格爾德是奧丁之子希吉（Sigi）後裔嫡系沃爾松格（Volsung）家族中的英靈戰士。希吉原本是勇猛的狩獵之神，很受世人尊敬，但卻因為嫉妒別人打獵的本領強過於他，一時失去理智將那人殺死，因而被貶至人間。但他畢竟是奧丁的兒子，所以奧丁還是給了他一艘載滿武器的戰船，以及一船視死如歸的勇士，並給了他戰無不勝、所向披靡的超能力。

有了奧丁佑護，希吉憑藉神賦的勇武和運氣威震四方、權傾天下，只要亮出他的名號，敵人便不寒而慄。但作為被貶為凡人而贖罪的神，希吉也無可避免地像凡人一樣會衰老。此時，奧丁覺得他的罪孽贖得差不多了，而且也為神界送去了很多戰力強大的英靈戰士，便不再保佑他在人間的功業。他的眾多妻妾部屬也趁他老朽之時爭權奪利，最後，希吉死於奪權叛亂中。

在外遠征的希吉之子雷里爾（Rerir）聽聞父親死訊，立刻班師回朝，報了殺父之仇，並繼承王位。雷里爾是個崇尚和平、愛民如子的國王。他讓人民休養生息，創造了一個國泰民安、四鄰和睦的盛世。但這位仁慈的國王卻有個煩惱，那就是膝下無子，於是他時常一個人苦悶地在海邊漫步，一次，他在四下無人的時候流下了眼淚，這番情景恰巧被眾神之后芙麗嘉的信使蓋娜（Gna）看見，蓋娜向芙麗嘉稟報此事，芙麗嘉便向奧丁要來一枚蘋果，讓蓋娜和一名瓦爾基麗賜給雷里爾。

蓋娜把蘋果交給一隻由女武神變成的渡鴉，渡鴉銜著蘋果飛過正枯坐在海邊礁石上的雷里爾

25 希格爾德的傳說屬於北歐史詩，相當於古希臘的《伊利亞德》。德國著名作曲家華格納（Wilhelm Richard Wagner）曾根據這個故事，譜寫成了膾炙人口的歌劇《尼伯龍根的指環》。而《魔戒》作者托爾金（J.R.R. Tolkien）吸取消化了其中情節，完成了《哈比人》，所以巨龍在黑侏儒的地下宮殿守衛財寶的情節，也出現在電影《哈比人》中。

頭頂，將蘋果投到他懷中。雷里爾捧著這枚從天而降的蘋果愣了半天，才恍然大悟這是奧丁的神意，他向諸神致意後，便立即回宮和王后分食了蘋果。

隨後，王后果然順利懷孕，卻也在臨盆之際遭遇難產，為了給國王順利誕下繼承人，王后咬牙要求剖腹取子。雷里爾只好按王后意願執行，繼承人終於順利誕生，取名為沃爾松格。沃爾松格一出生，就爬到母親胸前親吻她，王后也隨即安然長逝。

雷里爾強忍喪妻之痛，獨自撫養沃爾松格。在沃爾松格成年後，他也撒手人寰，由沃爾松格繼承王位，當年那位化為渡鴉銜來蘋果的女武神也奉神旨前來與他成婚。他們接連生了十個兒子，個個英俊雄壯，而第十一個孩子則是為公主，取名叫希格妮（Signy）。在希格妮五歲時，沃爾松格的妻子飛回了阿斯嘉特。

沃爾松格是位雄才大略的國王，把國家治理得很富強。他的王宮中聚集了很多能人智士，這些人經常受邀和沃爾松格與眾多王子一起在王宮的大橡樹下宴飲。這棵大橡樹長在王宮中央，直貫屋頂且蔭及整座王宮。

數年後，希格妮已經長成一位美麗少女，到了適婚年齡，慕名前來求婚的人絡繹不絕，其中又以哥德（Goth）國王希吉爾（Siggir）最具財勢，他派出的使者送出不少錢財，讓眾人都替他美言，最後由他成了希格妮的未婚夫。

結婚那天，希格妮看到自己的夫婿是如此猥瑣，比起自己的哥哥們更是天差地別，不由得心裡難過。沃爾松格也對這位女婿大為不滿，但請帖早已發出，身為國王的他不能毀約。於是，婚禮在這樣暗中的不滿下舉行。希格妮抑鬱寡歡的樣子被哥哥希格蒙德（Sigmund）看在眼裡。

盛大的婚禮持續了許多天，一天賓主雙方正在筵席上推杯換盞時，突然闖進了一個不速之客，在場所有人都不認識他。他高大威嚴，帶有一種不怒自威的氣質，無人敢冒犯他，就連一貫忠於崗位的衛兵都不敢攔下他盤問。此人逕自來到王宮中央的參天大樹前，抽出一柄長劍深深插入大樹樹幹中。這千年古樹的樹幹堅如磐石，之前沒有人能夠用武器在樹身上砍出些許痕跡。

在眾人張口結舌之際，他轉身對眾人說：「這是一柄全世界最強大的寶劍，只有具備王者風範之人，才能將其拔出。拔出寶劍者，不僅可以號令天下，後人也會被萬人敬仰！」說完，這個人就憑空消失。此時，那些平時耳聞或目睹過奧丁神蹟的人們才恍然大悟，這是奧丁在為他的後裔顯現神蹟。

沃爾松格作為主人，便邀請在場的豪傑勇士上前拔劍，而新婚女婿自然是第一個上前，但儘管他使出了最大的力氣，寶劍依然紋絲不動；接著，沃爾松格上前嘗試，也無功而返；隨後是九個王子依次上前，但寶劍就像是樹的一部分，無論是誰上來，都紋絲不動。最後，輪到最小的王子希格蒙德，他只用單手就輕易拔出了長劍，輕巧得彷彿沒有出力那般。

在場所有人歡聲雷動，把希格蒙德當作天神一樣看待。新郎希吉爾覺得自己被人冷落，對喧賓奪主的希格蒙德生出了嫉妒和不滿，於是上前向希格蒙德說：「我願意用跟此劍等重的黃金向

都應該跟妳的丈夫待在一起，才不會被世人恥笑！不然就對不起自己神裔子孫的稱號！」無奈之下，希格妮只能依照父親的吩咐，揮淚告別家人，悄然回宮。

次日，沃爾松格帶領十位王子和少量的士兵、武器，向希吉爾的王宮出發。剛至半途，他們就被團團包圍。沃爾松格一家人和親兵雖然驍勇善戰，但仍然寡不敵眾，不久，沃爾松格便英勇戰死，而十位王子也因體力耗盡而被活捉。

卑鄙懦弱、貪生怕死的希吉爾不敢在戰場上露面，而是好整以暇，高踞在王座上審訊十位英勇的王子。十位王子雖然被活捉，但一身傲骨讓他們不屑多看希吉爾一眼。此刻，希吉爾只是個在局面上以多欺少的贏家，而十位王子則是氣勢上的勝利者。這更是讓希吉爾氣得七竅生煙，在奪走了希格蒙德的寶劍後，立刻宣判十位王子在隔日執行吊刑，奉獻給奧丁。

希格妮央求沃爾松格不要赴希吉爾的鴻門宴。

皇宮內的希格妮驚聞父親戰死，十位哥哥成為死囚，便立刻趕到丈夫面前苦苦求情道：「我知道現在無論我怎麼哀求，都無法讓你改變心意，但我只求你不要那麼快執行，並讓我跟他們見最後一面。」

希吉爾狂笑道：「多深厚的親情啊！既然妳想讓他們多活幾天，好！我就答應妳，讓他們慢慢地死去！」說完他當著希格妮的面，命人將十位王子押到野外，綁在十棵大樹上，這樣一來，他們即便不被野獸撕咬至死，也會因饑渴折磨而死。為了防止希格妮偷偷前去營救哥哥，希吉爾派人將她軟禁在皇宮中。

希吉爾每天早晨都會遣人去林中查看十位王子的生死，回覆是每天夜裡都會有一頭怪獸從林中出來，吃掉一位王子。希格妮悲傷不已，卻又束手無策。

過了九天，就只剩希格蒙德一個王子了。希格妮突然想到一個妙計，拿出一罐蜜糖，向希吉爾請求說要給愛吃糖的哥哥做最後的留念。希吉爾知道沃爾松格家族只剩最後一位男性，便同意了妻子的請求。但條件是只能妻子派僕人前往，希格妮不能親自前去。

希格妮派了侍女前去，侍女到了希格蒙德面前就依主人所言，將蜜糖塗滿了希格蒙德的臉，還將蜜糖塞滿了他的嘴。

當天晚上，怪獸按時前來享用最後一頓不費力的晚餐，牠一來到希格蒙德面前就嗅到了蜜糖的香甜氣息，開始舔舐他臉上的蜜糖，接著又將舌頭伸進希格蒙德嘴裡，想要吃到更多蜜糖，希格蒙德則趁機咬住怪獸的舌頭。怪獸痛得拚命掙扎，將粗大的樹幹折為兩段，也讓希格蒙德有機會掙脫束縛。希格蒙德與怪獸奮力纏鬥了一番，終於殺死怪獸，躲進森林深處養傷。

第二天，希吉爾同意希格妮到樹林中與哥哥們的遺骨告別。希格妮正淚眼矇矓地準備掩埋哥哥們的遺骨時，希格蒙德從密林中現身。兄妹二人相擁而泣，發誓必報家族之仇。此後，希格妮經常以祭奠家人的名義出宮，為哥哥送來吃穿之物。希格蒙德則在密林深處搭建了一座茅舍隱居下來，伺機復仇。

由於沃爾松格家族男丁幾乎全滅，希吉爾沒費多少兵力就吞併了沃爾松格的國土。不久，希格妮先後誕下了兩個男孩，她期望兩個兒子能替父親和哥哥報仇，所以在大王子十歲時，希格妮把他送到希格蒙德那裡，想讓他把兒子訓練成勇士。

希格蒙德把一袋麵粉拿給這個孩子，叫他和麵準備晚餐的麵包。但王子看見麵粉中有東西在蠕動，不敢和麵。希格蒙德略加試探，便知道這個孩子無法完成母親的願望，因為缺乏了勇氣，於是希格蒙德讓希格妮把這個不合格的孩子帶走；第二年，希格妮又帶來了小王子，但沒想到小王子也繼承了父親的性格，是個膽小怕事之人。

希格妮心急如焚，她知道沒有沃爾松格家族的血脈，就不可能有勇氣擔當報仇大任，於是她下了一個極危險的決定，一定要得到一個有純正家族血統的兒子。

希格妮招來一位年輕貌美的女巫與自己調換相貌，她讓女巫想盡辦法誘惑國王，而自己則服下魔法藥水變成女巫的模樣，來到密林中希格蒙德的小屋等待他歸來。

打獵歸來的希格蒙德哪裡知道這個聲稱迷路並要求借宿的美麗女性就是自己的妹妹。他禁不住女巫的引誘和挑逗，和她春風幾度。三天後，希格妮回到宮中，恢復了身分和相貌。不久，她便產下一子，孩子的聲音和相貌都與自己的家族如出一轍。希格妮知道，這個孩子具備了家族的優良血統，為他取名為辛菲特利（Sinfiotli）。

辛菲特利十歲時，希格妮為了試驗他的勇氣，故意在為他縫衣服時，重重下針，把衣服縫在他的皮膚上。但這孩子一動也不動地任由母親將針深深扎入他的皮膚。希格妮又強忍心痛，把衣服連皮扯了下來後問道：「疼嗎？孩子！」

辛菲特利道：「這點疼痛都忍不住，還能算是沃爾松格的後代嗎？」說完哈哈大笑。希格妮知道這次錯不了，就決定把他送到希格蒙德那裡受訓。

希格蒙德還是用之前的題目來測試辛菲特利，要他揉麵、烤麵包，然後便出門到森林裡砍柴。等他回來時，辛菲特利已經烤好了麵包。

希格蒙德問：「第一次揉麵還習慣嗎？」

辛菲特利答道：「沒事，但剛開始揉的時候，麵團裡有東西在動，我就把它揉進去了。」

希格蒙德見辛菲特利擁有超出年齡的勇氣，十分滿意，於是微笑道：「這麵包不能吃了，因為你已經把毒蛇給揉進去了。」隨後辛菲特利就待在希格蒙德身邊學習武藝，各種武器無不精通。

為了把辛菲特利鍛鍊成智勇雙全的勇士，希格蒙德經常帶著他在林中四處劫掠。透過多次戰鬥，希格蒙德知道外甥確實完全繼承了沃爾松格家族的勇武，同時又帶著野蠻和殘忍。希格蒙德認為，這種野蠻和殘忍是孩子在十歲前與希吉爾相處而影響的性格。希格蒙德經常對辛菲特利述說自己家族的深仇大恨，辛菲特利一再表示，要用希吉爾的頭祭祀外公和舅舅們，不知道辛菲特利身世的希格蒙德則對希吉爾的冷酷非常詫異。

一天，他們在樹林中打獵時，看到一個獵戶驛站內睡著兩個貴族打扮的男人，他們身邊放著兩張狼皮。希格蒙德知道這種狼皮是帶著魔法的，一旦披上身就能讓人變身為狼，直到第十天才會恢復原形。為了磨練辛菲特利，希格蒙德偷走狼皮，和辛菲特利各披一張，兩人立刻化身為兩匹狼，在森林中四處遊獵，看見活物就咬。隨後他們在分手之前約定，若是任意一方遇到七個以上的對手，就須向另一個人嚎叫求援。

現在舅甥兩人都成了單兵作戰的孤獨野獸，不僅要忍饑挨餓，自行覓食，還要躲避獵人的追捕。分手後的第二天，希格蒙德就遇到了八個合夥捕捉他的獵人，一見寡不敵眾，他馬上仰天長嘯。辛菲特利趕來幫忙，化身為狼的兩人合力將八個獵人咬死；在第九天時，辛菲特利遭遇了十一個獵人，但他頂著壓力獨自一人全殲了他們，自己也身負重傷躺在草叢中無法動彈。等希格蒙德找到他時，他對舅舅說：「你連八個人都應付不了，我卻獨自幹掉了十一個人。原來你一直把我當作沒長大的小孩子看待，是因為你自己的能力很是一般啊！」

希格蒙德聞言怒火中燒，狼性大作，竟撲上去將受傷的外甥咬死在地上。不一會兒，希格蒙德恢復了理智，守著外甥的屍體傷心不已，詛咒身上讓他們喪失人性的狼皮。忽然間，他看見林中兩隻鼬鼠在打架，結果其中一隻被咬死，而另一隻得勝的鼬鼠不僅沒有表現出愧疚，反而得意洋洋地鑽進了身邊的草叢中，不久，牠叼出一片葉子放在死鼬鼠胸口，鼬鼠居然復活了。希格蒙德趕緊進入剛才鼬鼠叼出葉子的那片草叢去找同樣的葉子。在他苦尋無果時，一隻渡鴉從他頭上飛過，口中掉下一片葉子，飄到了他眼前。希格蒙德知是神賜，就將葉子擱在辛菲特利胸口，使其復活。

他們再次回到了藏身的茅屋，靜待狼皮魔力失效，第十天夜裡，狼皮脫落，他們得以恢復人形。為了不讓魔狼皮再禍害他人，他們把狼皮投入火中燒了。

經歷過實戰後，辛菲特利已經長成一個合格的勇士，此時，希格蒙德也覺得報仇時機已經完全成熟。

一天晚上，兩人離開藏身的密林，偷偷潛進希吉爾的王宮，躲在地窖的酒桶後，準備等待深夜動手行刺。沒想到希吉爾和希格妮所生的兩個兒子居然跑到地窖裡嬉戲，隨即發現這兩個身懷武器的人，頓時嚇得大叫：「有刺客！」希格妮一聽就知道是哥哥闖進來報仇了，立即搶在丈夫之前來到地窖，抓住兩個兒子推給希格蒙德道：「把他們殺掉！」

希格蒙德見是妹妹的兒子，正在遲疑之時，希吉爾已帶著侍衛趕了過來，聽著腳步聲漸近，辛菲特利一手一個拎起兩個同母異父的哥哥，一把擰斷了他們的脖子，把屍體向希吉爾拋去，並隨即和衛兵打了起來。但隨著增援的衛隊越來越多，兩人始終無法靠近希吉爾，且最終寡不敵眾，被希吉爾的侍衛擒住。

希吉爾命人將他們關進地窖，在上面蓋了厚重的石板，要活埋他們為兒子報仇。就在石板即

於是雙方在海上展開血戰，最終由海爾格率眾將亨丁斬於劍下。敵人群龍無首，紛紛潰逃。

由於這場戰爭非常激烈，奧丁也派出女武神在戰場上挑選英靈戰士。作為旁觀者，她們的陣仗和氣勢甚至超過了交戰雙方，整片天空都被她們耀眼的甲冑和長矛照得透亮。其中有一個名叫希格露恩（Sigrun）的女武神，她一路尾隨海爾格的戰船挑選英烈時，愛上了英勇的海爾格。當其他女武神完成任務後，都飛回了阿斯嘉特，而她則跟隨海爾格的戰船直到其靠岸。她降落在海爾格的船上，給了他一個熱吻，並表示願意做他的妻子。二人於是成婚了。

接下來，海爾格和同父異母的哥哥辛菲特利會合，一起率軍乘勝追擊，直取亨丁族本土，途中雖然遇到了暴風雨，但由於有希格露恩在內的九名女武神保護，終於化險為夷。在亨丁族的領土登陸後，雙方激烈交戰。

最終亨丁族人全部戰死，只剩一個叫作達格（Dag，希格露恩的兄弟）的人發誓成為海爾格和辛菲特利的奴隸，才免於一死。

後來，達格向奧丁獻祭，借得了他的永恆之槍，用這把武器刺死了海爾格。可憐的希格露恩才剛與海爾格結為夫妻，就立刻成了寡婦，她只得修築一座墳墓埋葬丈夫，自己則住在墳墓旁，日夜哭泣哀悼丈夫。

而海爾格的靈魂則被選進了英靈殿，奧丁讓他成為英靈戰士的首領，與自己一起掌管神殿。海爾格看見仇人亨丁居然也在此地，於是就罰他做最低賤的工作。

一天晚上，希格露恩的侍女路過海爾格的墳墓，發現海爾格和部下居然出現在此處，她驚訝地問海爾格：「您是不是復活了？」海爾格答道：「我沒有復活，是奧丁特許我回來，讓希格露恩醫治我的傷口。」

希格露恩聽完侍女所言，馬上奪門而出奔向丈夫的墓地。她看見海爾格身上還留有永恆之槍造成的傷口，哭泣說道：「為什麼你的傷口無法癒合？我該怎麼撫平你的傷口？」

海爾格答道：「是妳的哭泣和眼淚讓我的傷口無法癒合，使我痛苦萬分！」

從此以後，希格露恩不再哭泣，她返回阿斯嘉特，繼續執行奧丁甄選英靈戰士的工作，並和海爾格永遠在一起，直到諸神的黃昏來臨。

辛菲特利是個非常好鬥勇猛的人，在承平時期簡直就是如坐針氈，所以總是四處劫掠來充實自己的生活。有一次他為了爭奪一個女人，竟將父王新王后的哥哥殺死。王后博格希爾德對此一直耿耿於懷，屢次叫希格蒙德重罰辛菲特利，但都被丈夫否決，於是就伺機迫害辛菲特利。辛菲特利對此也是心知肚明，時時防備著王后。終於，王后等來了一個絕好機會。在一次盛大的酒宴上，王后博格希爾德親自為每位賓客斟酒。在她把酒杯遞給辛菲特利時，辛菲特利瞟了一眼道：「假酒！」希格蒙德把酒杯奪過去一口喝了。

王后譏笑道：「難道你還要用自己的父親做擋箭牌嗎？」說著又給了辛菲特利一只酒杯。

辛菲特利又說：「這並不是純正的酒！」希格蒙德就又替他喝了。

王后不依不饒，馬上又遞給他第三杯酒道：「如果你還算是沃爾松格家族的後代，就喝光這杯酒！」辛菲特利看了看酒叫道：「裡面有蛇毒！」這時希格蒙德已經喝醉了，就對兒子說：「你自己用鬍子濾一下吧！」

辛菲特利只好飲完杯中之酒，立刻毒發身亡。希格蒙德見兒子死在面前，傷心不已，於是打算把兒子的屍體帶到他們曾共同生活過的那片森林裡，就在他即將渡海時，一位獨眼老者駕舟前來，表示願意協助他，並幫他把屍體搬上船，接著就突然消失了。原來這是奧丁第一次親自來人間接引英靈戰士升天，以前都是由瓦爾基麗來處理。而悲憤異常的希格蒙德廢了王后博格希爾德，另娶了年輕美麗的赫爾蒂斯（Hiordis）為妻。

在此之前，很多追求者向赫爾蒂斯求婚，最強大的兩個對手就是希格蒙德和李格尼（Lygni）。赫爾蒂斯有個懦弱的父親，因為怕得罪人而左右為難，只好把難題交給女兒自己決定。赫爾蒂斯說：「雖然無論選擇誰都會得罪另外一方，但我還是想嫁給希格蒙德。儘管他年紀很大，卻依然英勇。」

李格尼覺得輸給希格蒙德讓他很沒面子，回國後就召集了一支強大的軍隊前來攻打這個老情敵。希格蒙德年紀雖大，體力卻絲毫不輸給任何一個年輕人，他身先士卒率領族人應戰，銳不可當，斬殺了不少李格尼的精銳部隊。雙方交戰正烈，突然一長鬚灰衣的獨眼老者旁若無人地步入交戰人群中，將手中長矛刺向希格蒙德。希格蒙德情急之下，趕忙用手上的聖劍擋住長矛。誰知奧丁賜予他的聖劍一碰到長矛，居然斷成數截。戰況瞬間對希格蒙德不利，他的精兵被敵人殺死大半，他自己也受了重傷倒地。

李格尼得勝後，立即殺入希格蒙德的王宮，要搶回赫爾蒂斯，卻遍尋未著。原來赫爾蒂斯擔心丈夫安危，一直悄悄尾隨希格蒙德的軍隊，雙方在激戰時，她躲在戰場附近的草叢中提心吊膽地觀戰。等李格尼率軍攻向王宮時，她偷偷來到戰場，找到了奄奄一息的丈夫。赫爾蒂斯要替重傷的丈夫包紮傷口，但希格蒙德拒絕了妻子的好心，「以往，我的傷勢再嚴重，都能活下來。但這次氣數已盡，連奧丁都不願再幫我了。妳也應該順應神旨，不必再為我治療了，只要將我的斷劍收好，等孩子出世後，讓他重鑄斷劍，以得永世威名！」說完就死在了妻子懷中。

赫爾蒂斯伏在丈夫遺體上痛哭，她的侍女奔來說有一隊維京戰艦來到了海邊。主僕二人只好再次躲入草叢中，並調換了衣服和身分。她們走出來時，碰到剛上岸的維京人首領埃爾夫（Alf）。於是侍女告訴埃爾夫，自己是希格蒙德的王后，而身旁的女性（真正的王后）為自己的侍女。

接著，她們把戰事經過向埃爾夫做了巨細靡遺的描述，以至於埃爾夫恍如身臨其境般感受到了之前大戰的慘烈。他素來久仰希格蒙德威名，聽到他英勇戰死沙場後更是十分敬重。他為希格蒙德舉行了隆重的船葬儀式，然後在赫爾蒂斯的導引下挖出了希格蒙德的寶藏，帶著大批財寶和兩個美女回到自己的國家。

剛回國沒幾天，老王后便對這兩個女性感到疑惑，於是問埃爾夫，「我總覺得你帶回來的這兩個女人，氣質談吐與她們的身分穿著並不相符！」

埃爾夫也疑惑地說：「我其實也在懷疑她們，不過，我會想辦法找出真相。」

一天，埃爾夫送給假王后一頂漂亮的帽子。這侍女以前哪裡戴過精緻華麗的帽子，一時間高興得語無倫次；反倒是一旁的侍女面容平靜，毫無驚訝或羨慕的表情。

埃爾夫接著又帶主僕二人到花園散步，一陣大風將帽子吹進了池塘裡。埃爾夫馬上命令侍女下水把帽子撈上來。但只見侍女面露難色，止步不前，埃爾夫更是堅持要她下水。

這時王后道：「只是一頂帽子，掉進水裡就算了吧。」埃爾夫道：「妳難道就如此輕視我送的禮物？」王后道：「我的侍女此刻不便下水。」埃爾夫道：「哪怕是付出生命，她也應該要為主人做好這件事。」

見紙包不住火，侍女只能說出與王后互換服裝和身分的實情，並說明這一切是為了避開仇家，保住赫爾蒂斯腹中的孩子。此刻，埃爾夫終於確定他沒看走眼，自己一直喜歡的這個女人才是真正的王后，於是他馬上向王后求婚，赫爾蒂斯欣然同意，但她也向埃爾夫提出一個條件：要將這個孩子視如己出。埃爾夫毫無二語，並表示撫育沃爾松格家族後裔，也就是撫育神的後裔，是高尚的事。

屠龍英雄希格爾德的崛起

後來，赫爾蒂斯生下一子，名為希格爾德。老國王讓最聰明的巫師萊金（Regin）當他的導師。萊金不僅精通各種魔法，還是有名的工匠，更通曉世間一切，甚至能預知未來。雖然他能夠預測的時間範圍不如命運女神，但他卻早已知道，老國王讓他教育的學生會在成年後殺掉自己。

希格爾德慢慢長大，他的學識、能力和才華漸漸超過了導師，很快的，他已經可以自己打造兵器，並通曉盧恩符文，且善於辯論，還是位無人能敵的勇士。一天，導師萊金突然問他：「你知道自己父親財寶的下落嗎？」

希格爾德答道：「都在幾個國王手中。」

萊金又問：「你能容忍他們霸佔本該屬於你的財寶嗎？」

希格爾德不以為然地說：「我現在不過是讓他們替我保管罷了，等到我成年，我會連同利息一起向這些人索回原本屬於我的東西。」

萊金道：「但你連一匹馬都沒有，如何辦得到這些事？」

希格爾德道：「我只要一開口，就能得到我想要的良駒。」於是他跑去找老國王，請老國王同意他騎馬遊玩，老國王讓他自己挑選。於是他和萊金前往森林中的皇家馬場挑選馬匹。他們在相馬時，遇到了一位獨眼老者，他指點希格爾德將所有馬匹趕入河中，說這樣才能選出良駒。他們照此辦理，結果除了一匹灰色小馬勇往直前外，其他馬匹在涉水時一感到水深就折返上岸。

那獨眼老者對希格爾德道：「就是那匹灰色小馬駒，牠是阿斯嘉特神駒斯萊普尼爾的後代，能力會超越人世間所有馬匹！你要好好照料餵養牠。」說完，這老者就消失了。於是希格爾德選了這匹斯萊普尼爾下凡後和人間母馬生的混血私生子，取名為格蘭尼（Grani）。

在一個冬夜，希格爾德和萊金在壁爐前烤火，萊金彈琴唱了一首歌，自述他的平生：

赫瑞德瑪（Hreidmar）是居住海邊的黑侏儒國王，他有三個兒子。長子法夫尼爾（Fafnir）力大無窮，膽量過人；次子奧特爾（Otter）能變形為各種物體；三子萊金心靈手巧。三個兒子為了孝順老父，由萊金修建了一座鑲滿珠寶、金碧輝煌的宮殿，並由勇敢強大的老大法夫尼爾保衛這座宮殿。

一天，奧丁、弗雷和洛基微服私訪，來到了赫瑞德瑪宮殿外頭。洛基看到一隻水獺躺在陽光中打鼾，他不知這是奧特爾變身而成，便殺了牠，準備晚上飽餐一頓。三位神祇進宮後，向赫瑞德瑪炫耀獵物，並交代廚子烹調，準備晚上讓大家分而食之。

赫瑞德瑪強忍喪子之痛，不動聲色地歡迎他們，招待他們放下武器入席，還殷勤奉上酒食。酒過三巡，三位神祇酩酊大醉，赫瑞德瑪先藏好三位神祇的武器，然後遣人通知他另外兩個兒子來替兄弟報仇。法夫尼爾和萊金聞訊後帶人湧進大廳，拿下了三位神祇。

赫瑞德瑪先是要三神償命，後來又要他們交出能鋪滿水獺皮的黃金，以贖回他們的性命。他放走洛基去籌措黃金。洛基知道要達成黑侏儒貪婪的要求幾乎是不可能的事，那張水獺皮應該無法用一般的黃金鋪滿。

此時，他想到了黑侏儒當中魔法最黑暗最強大的安德瓦利（Andvari）。就算洛基平時再怎麼天不怕地不怕，也不敢隨意跟安德瓦利打交道，因為安德瓦利有一頂百變頭盔，可以將自己變得無比高大強壯，而且還能隱形。最重要的是，安德瓦利有一只稱為「安德瓦利之寶」（Andvarinaut）的吸金指環，可以吸附一定範圍內的黃金。如今為了自家的性命和武器，洛基只得硬著頭皮跟安德瓦利打交道了。

洛基找到安德瓦利，提出跟他結盟，助他稱霸世界的想法，但要先看看他的實力是否真如傳言那般強悍。安德瓦利早有打倒霜巨人、奴役眾神、稱霸世界的野心，現在這個詭計多端、唯恐天下不亂的洛基願意擔任軍師，更讓他心花怒放。

為了證明實力，安德瓦利戴上百變頭盔隱身。洛基看見安德瓦利從面前消失，不由得心中發虛，說道：「你實力如此強大，難道還需要隱身後偷偷摸摸地搞暗殺嗎？應該現出原形，用你本身的威力擊潰他們！」

於是安德瓦利馬上顯身，變成了高達萬丈的巨人，而剛才在他面前的洛基現在只及他腳背。洛基這下更是被嚇得夠嗆，但他刺激安德瓦利道：「變大沒什麼了不起，我見過很多跟你差不多大的霜巨人，變小才算真正厲害。」安德瓦利一聽，立刻把自己變得如同老鼠般大小。洛基趁機一腳踩住他，威脅他交出所有黃金，當然也包括百變頭盔和「安德瓦利之寶」。

安德瓦利心痛地交出寶物，但也暗自詛咒，凡是得到這些寶物和黃金的人，必遭殺身之禍。

洛基回到赫瑞德瑪的宮殿裡去贖回奧丁與弗雷，他把從安德瓦利那兒搜刮來的黃金全鋪在水獺皮上。可是水獺皮竟隨黃金數量的增多而擴大，怎麼也無法鋪滿；洛基只得將「安德瓦利之寶」放上去，戒指像磁鐵一樣，吸來了周遭所有的黃金；即便如此，水獺皮還是空出了一角。萬般無奈下，洛基只得將百變頭盔放在水獺皮上，三位神族才得以被釋放。

就在三位神族離開後，安德瓦利的詛咒隨即應驗了。財迷心竅的赫瑞德瑪得到了黃金和寶物後，馬上收歸己有，法夫尼爾和萊金希望分得一點黃金作為獎賞，赫瑞德瑪也不願意。誰知法夫尼爾更貪心，一怒之下殺了父親，並且把萊金驅逐出境。

時至今日，萊金仍然無法回到故土，只能流亡國外，靠自己的聰明才智度日；而法夫尼爾則化為一條巨龍，盤踞守衛著他的財寶。

萊金說完自己的經歷後，問希格爾德是否願意幫他復仇，見希格爾德一副事不關己的表情，就利誘道：「如果你能夠殺死法夫尼爾，就能得到那些黃金，那麼你便會成為天下最富有的國王。」

希格爾德說：「我聽說過那條巨龍，但我們實力相差太懸殊了，別說殺死牠，就連接近都很困難。」

萊金故意激他道：「這不像沃爾松格家族會說的話。」

誰知希格爾德完全不接招，反而答道：「我現在還不是成年人呢。」

後來，萊金又不斷使用各種方式誘惑慫恿希格爾德去屠龍。希格爾德見自己年齡與技藝漸長，便答應幫他復仇，前提是要萊金為他鑄一柄好劍。但萊金先後做了兩把劍，在驗收時都被希格爾德折斷了。後來希格爾德把從母親那裡得到的父親留下的聖劍碎片，才讓萊金煉出一把神兵利器。

萊金把劍交付希格爾德使用時，要他履行復仇的諾言。希格爾德道：「你放心，沃爾松格家族的人不輕易許諾，一旦許諾就一定會兌現。不過我得先報了殺父之仇，然後再處理你的問題。」

希格爾德從母親那裡得到生父留下的聖劍碎片，萊金才煉出一把神兵利器。

希格爾德去找埃爾夫的父親老國王商量說：「現在，該是讓李格尼知道沃爾松格家族還有血脈留存的時候了！」於是老國王給他船隻和人馬，鼓勵他替父報仇。希格爾德馬上率軍啟程，半途時，忽然颳起了暴風雨，艦隊在海上被吹得團團轉。這時，海面上有一塊凸起的大礁石，上頭站著一位獨眼老者要求搭船。希格爾德在風暴中冒著觸礁的危險，靠近礁石，將老者接上船。誰知他一上船，暴風雨馬上就停了下來，整個艦隊順利的靠岸登陸了，但那位老者卻消失不見了。希格爾德的軍隊勢如破竹，撕開了李格尼的防線，闖入宮中將李格尼和他的兒子們屠殺殆盡，用他們的鮮血祭奠了父親。

了結殺父之仇後，希格爾德回到了養父埃爾夫的國土，此時，萊金提醒希格爾德兌現諾言，希格爾德二話不說，立即跟他上路。他們騎馬來到法夫尼爾所在的格尼泰海德山脈（Gnitaheid），只見一片荒涼的焦土，積滿砂礫，上面留有一道巨龍爬行後的寬大痕跡。這痕跡沿著山坡連接山下的小溪和山頂的洞穴。萊金告訴希格爾德，巨龍每天會下山前來小溪喝水，山頂則是牠的巢穴。他要希格爾德沿著痕跡繼續前進，自己卻躲進了旁邊的灌木叢。

希格爾德順著痕跡邊走邊想屠龍方法時，一位獨眼灰衣老者指點他，在巨龍必經之處挖一個坑洞，再挖一道壕溝與坑洞相連。屆時，躲在坑中屠龍後，順著壕溝撤離到安全地帶，以免在巨龍垂死掙扎時受傷。

希格爾德在老者消失後，依其所言挖好坑洞和壕溝，躲在裡面伺機屠龍。當巨龍又一次下山飲水，龐大的身軀從坑洞上方經過時，希格爾德奮力猛刺一劍。這一劍刺入了巨龍胸部，寶劍在爬行中的巨龍身上劃出了巨大傷口。巨龍垂死掙扎，把山上的石頭擊得粉碎，整座山竟少了大半。法夫尼爾自知命不久矣，竭力問道：「你是誰？為什麼暗算我？」

希格爾德說：「我是沃爾松格家族中希格蒙德之子希格爾德，這把劍是奧丁賜予的聖劍！」

法夫尼爾問道：「你我無冤無仇，你雖然有個英勇的父親，但他在你出生之前就去世了，是誰教授你武功並鼓動你來殺我？」

希格爾德道：「是勇氣鼓動了我，而聖劍助我刺中了你。沃爾松格後代就是勇士的代名詞！」

法夫尼爾說：「我知道你就是為了黃金而取我性命的。記住我說的話，這是受過詛咒的黃金。我父親因它而死，現在我也因它而死，你將來也不能幸免。你要是不想慘死在別人手下，最好就把它留在山洞中！」

希格爾德笑道：「我即便不要你的黃金也難逃一死。但那天來臨之前，我是不會嫌黃金太多的。」

法夫尼爾歎道：「我對你所說的話句句屬實，我也在它的蠱惑下變得利欲薰心。我們家族只有萊金沒有碰過這些黃金，所以得以安然活到現在。你得到了黃金後，不僅要時時提防別人奪取，而且最後一定會跟我一樣，你等著看吧！」說完便死了。

正當希格爾德擦拭劍上的龍血，萊金從旁邊樹叢中鑽出來向他祝賀，「真不愧是英勇的沃爾松格後裔，那些黃金本是我們家族的財產，你應該分我一半。」

希格爾德開玩笑地說：「剛才我在屠龍時，你根本不知躲藏在何處，若要論功行賞，你所付出的心力值不了多少黃金。」

萊金爭辯道：「若沒有我為你鑄造這把劍，你如何能殺死巨龍？」

聽到萊金這麼說，希格爾德也忍不住理論起來，「你原本鑄的劍不堪一擊。我現在所用的寶

爾德擔心自己會嫁給平庸之人，於是奧丁便將她帶到這個山頂，用睡棘刺了她，使她長眠於此，並在睡眠中保持青春，還用火焰圍繞她所在的城堡，讓她在此等待未來的丈夫。因為，只有不畏懼烈火焚身的勇士才敢冒著生命危險跳入火中，而這個人也必然會是布倫希爾德傾心的對象。

希格爾德將「安德瓦利之寶」送給布倫希爾德作為定情信物，並誓言相守。他們度過了一段幸福快樂的日子，隨後，希格爾德要布倫希爾德在城堡等他，他將再次前來，正式把布倫希爾德和巨龍的黃金帶回自己的家鄉。

希格爾德和布倫希爾德訂婚。

希格爾德在歸途中路過了尼伯龍（Nibelung），由於屠龍的事蹟讓他受到了熱烈歡迎。國王古爾克（Giuke）仰慕希格爾德的英勇，挽留他多待幾天，王后格莉希爾德（Grimhild）很賞識希格爾德，想把女兒古德露恩（Gudrun）嫁給他。所以她用魔法配製了一種會讓人失憶的酒，讓古德露恩在宴會上把這酒斟給希格爾德。

希格爾德飲下這酒後，就忘了自己和布倫希爾德的誓約，轉而對古德露恩一見鍾情。雖然，希格爾德時而會有悵然若失的空虛感，卻又不知為何而來，所以還是向古德露恩求婚並得到了應允。屠龍英雄成為尼伯龍的女婿，讓國王和全體臣民無限歡欣。尼伯龍上下為這對新人舉行了盛大的婚禮，希格爾德甚至把他珍藏的半顆龍心分了一些給古德露恩。此後，除了希格爾德外，古德露恩對所有人都冷冰冰，而王后的盤算不只如此，她又促使希格爾德和大王子岡納（Gunnar）結為異姓兄弟，發誓永不為仇。

後來，國王古爾克去世，岡納繼承王位。這位年輕的國王尚未婚配，格莉希爾德覺得，這世界上除了出身高貴的布倫希爾德，再沒有人能配得上自己的兒子了。她聽說布倫希爾德居於烈火圍繞的城堡中，並誓言只嫁給能夠衝進火海的英雄。岡納聽了非常動心，隨即準備啟程尋找這位被烈火環繞的女性，並邀請希格爾德陪同。

然而當岡納來到烈火包圍的城堡時，無論他怎麼鞭策自己的馬，牠就是不肯上前，反而步步後退。他看到希格爾德的坐騎格蘭尼面對火焰毫無懼色，便向希格爾德借馬，但格蘭尼卻怎麼都不讓岡納上背，原來，格蘭尼這樣的神駒只認自己的主人希格爾德，就像牠的父親斯萊普尼爾只認奧丁一樣。

後來希格爾德決定偷梁換柱，他服下王后給的藥水，變成岡納的模樣，代替岡納闖入火海去求婚。希格爾德策馬衝入城堡大廳，在曾經跟自己海誓山盟的布倫希爾德面前下了馬，只是這對戀人現在已經互不相識。

布倫希爾德看見又有人闖進了火陣，大吃一驚。她一直認為，除了希格爾德，奧丁不可能再讓第二個人闖進來向她求婚——但她曾立下重誓，凡能進入烈焰之人，就是上天安排給她的伴侶，她不能違背諾言，所以默然接受事實，答應了岡納的求婚。

希格爾德拿下了布倫希爾德手指上的戒指，將岡納給的戒指套在她手上。隨後，布倫希爾德讓希格爾德變的岡納先回去籌辦婚禮，自己則是在十天後前往尼伯龍王宮。她的用意也是想再等等看，看她一直等待的心儀之人是否會回來。

希格爾德衝出火堡下山之後，恢復了自己的面貌，並告訴岡納喜訊，只需回家等待新娘即可。接著，他又將「安德瓦利之寶」戴到了古德露恩手上，以補償新婚時沒能送妻子戒指的遺憾。古德露恩一再追問戒指來歷，希格爾德只得將自己代替岡納求婚的事全盤托出，並叮囑妻子千萬保密。

十天後，布倫希爾德沒能等來希格爾德，只能揮別傷心之地，依約來到岡納的國家。岡納與奮地拉著布倫希爾德去會見親友，當布倫希爾德見到希格爾德與古德露恩時，她眼中噴發出來的怒火，讓希格爾德覺得自己渾身彷彿都被點燃了，熾熱而又憤怒的目光驅散了魔力，希格爾德頓時找回了失去的全部記憶，特別是他和布倫希爾德的誓言，但如今布倫希爾德已經成了岡納的妻子，而自己也已成為古德露恩的丈夫。兩人瞬間跌入了痛苦的深淵。

盛大的婚禮過後，布倫希爾德表面不動聲色，心裡卻怒火萬丈。而岡納也感覺到妻子的不對勁，總覺得布倫希爾德冷冰冰。於是他開始懷疑起希格爾德，覺得希格爾德可能把當初代替自己衝入火焰，向布倫希爾德求婚的事情說出來了。

而恢復記憶的希格爾德為了避免麻煩，也不再跟岡納那麼要好了，總是躲得遠遠的，這種處理方式更讓岡納懷疑希格爾德。

一天，布倫希爾德和古德露恩到萊茵河邊洗澡。古德露恩要先下水，但布倫希爾德不同意，說自己是王后，有獨享河道的特權，要對方在她的下游洗澡，於是兩個人激烈地爭吵起來。

古德露恩罵布倫希爾德明明已有戀人，卻又嫁給自己的哥哥，甚至亮出手上的戒指為證。布倫希爾德看到希格爾德對自己許諾的訂情戒指居然戴在對方手上，跑回皇宮，不吃不喝，也不願意跟任何人說話。

後來，希格爾德被迫前來替妻子賠罪，布倫希爾德對著他就是一頓臭罵。希格爾德只得說明事情緣由，表示願意馬上跟古德露恩分開，帶著布倫希爾德遠走高飛。但布倫希爾德認為那只會增加她的恥辱，而且她也不願有負於岡納，便將希格爾德轟了出去。

布倫希爾德無法接受自己有兩個丈夫，她要求岡納殺死希格爾德。岡納聞言，更是懷疑希格爾德在暗中做了對不起自己的事，但由於他和希格爾德有永不為仇的誓約，便拒絕了妻子的要求。布倫希爾德不死心，轉而說服了岡納的弟弟古托姆（Guttorm）前去刺殺希格爾德，以解除她的心頭之恨。

古托姆在夜裡潛進了希格爾德臥室，正要下手時，看見希格爾德熟睡時眼縫中的神光，嚇得轉身就跑。第二次也依然如此。直到第三次，他見希格爾德真正熟睡了，才用劍刺穿了希格爾德的胸膛。雖然受到重傷，希格爾德還是翻身取下床頭寶劍，向逃至門外的刺客擲去。古托姆被利劍攔腰斬為兩截，死於門外，而希格爾德也在確認刺客死亡之後才嚥氣。

尼伯龍人為他們愛戴的屠龍英雄舉行了隆重的火葬。全國人民都前來悼念，獻上了殉葬品。在喪禮上，古德露恩一點眼淚都沒有地乾哭著；布倫希爾德看到柴堆上的前夫，心中怨恨也煙消雲散了，她又回憶起自己和他一見鍾情以及纏綿時的甜蜜，於是布倫希爾德回到皇宮，穿上與希格爾德初次相見時的甲冑，持矛執盾，騎著她的白馬回到了葬禮現場。

此時，希格爾德和其殉葬品已被烈火包圍，而布倫希爾德則是牽著轠繩，縱身躍入了沖天烈火中，就像當初希格爾德衝入烈火喚醒她一樣。後來，奧丁安排這對生死冤家掌管冥界，直到洛基之女海拉到來後，二人才一起被提升到了英靈殿。

Chapter 16

眾神之后
芙麗嘉

麗嘉能解除家族魔法禁制的諾言是假話，只要天一亮，自己便很可能會因陽光照射而石化。

莫斯格拉越想越害怕，開始想著要逃離神界。他藉口打造首飾的黃金不夠，無法打造出項鍊而推辭。誰知芙麗嘉求寶心切，竟把阿斯嘉特的所有黃金全部堆在了莫斯格拉面前。莫斯格拉看到芙麗嘉如此執著，更怕其中有詐，就說：「雖然妳拿出的黃金很多，但品質不好。如果要打造出妳想要的項鍊，眼前這些黃金的數量還是不夠。」他想讓芙麗嘉知難而退。

但芙麗嘉一心只想著擁有的飾品，居然打起了奧丁黃金神像的主意。但奧丁之前為了防止有人竊取、破壞和褻瀆神像，在神像口中用盧恩符文寫了咒語。一旦有人對神像做出破壞、盜竊等不敬的行為，神像就會自動說出圖謀不軌者的姓名。芙麗嘉想動用神像的黃金，但又忌憚神像會說出她的名字，就將其熔化，從中取了一大塊給莫斯格拉。

莫斯格拉看芙麗嘉如此認真，更害怕了。要是收了從奧丁神像上取來的黃金，奧丁一定饒不了他，但不收，又過不了芙麗嘉這一關，現在他簡直進退維谷。考慮許久，他決定冒險一搏，於是取走了黃金，找了個藉口回地下城打造飾品。

奧丁知道此事後，一氣之下離家出走，於是就有了他在人間的遊歷和幾段風流韻事。而奧丁一離開阿斯嘉特，他的兩個孿生兄弟維利和菲就自動出現，維利和菲在外形上跟奧丁並無分別，以至於芙麗嘉在不知情之下失了身。但他們空有奧丁的外形，卻無奧丁的神威，無法降福於世界。因此霜巨人趁機在人間大肆為虐，造成大地冰封、屍橫遍野的慘況。

奧丁在人間遊歷七個月後重返阿斯嘉特，維利和菲也自然消失。奧丁統率眾神驅逐了霜巨人，人間才得以從嚴寒中恢復生機。

芙麗嘉的仕女們

由於芙麗嘉所負責的事務繁多，所以讓很多低階女神擔任侍女[26]。這些侍女神替她處理公務，有的也代表她執掌某方面的職務。

芙拉是芙麗嘉最親近的侍女，負責掌管芙麗嘉的珠寶盒，也伺候她梳妝。據說芙拉很可能是芙麗嘉的妹妹，所以她不僅知道芙麗嘉所有的祕密，還時常為她出主意，幫助祈求神佑的人類。芙拉經常於夜晚馳行在人間，甩動她那頭綴滿明珠的金色頭髮，讓值得被諸神保佑的人得到豐收。

赫琳（Hlin）是芙麗嘉的第二侍女，她口齒伶俐，嗓音如銀鈴般悅耳動聽。芙麗嘉經常和她聊天，傾吐心事，赫琳則扮演傾聽的角色。芙麗嘉會派遣赫琳到人間

芙拉是芙麗嘉最貼身的侍女神，掌管芙麗嘉的珠寶盒。

26 芙麗嘉的侍女多半是代表了芙麗嘉複雜神性的某個部分。

去安撫受苦受難的人，她用心聽取世人的禱告，再建議芙麗嘉去幫助那些有需求的受苦者。

蓋娜是芙麗嘉在人間的信使，她經常騎著天馬風馳電掣、穿梭各地。她是風的神格，所到之處都會帶來習習清風。每天晚間，她會把路上所見的一切告訴芙麗嘉。有一次，蓋娜看見雷里爾王因為久婚不育背著人在海邊獨泣，於是向芙麗嘉報告了此事。芙麗嘉要她轉送一枚蘋果，賜給雷里爾王，雷里爾王終得子嗣。

洛芬（Lofn）是溫柔莊重的愛情守護神，專門掃除戀人間的一切障礙，讓有情人終成眷屬。

約芬（Vjofn）以言辭打動別人，她的職務是使冷硬的心腸軟化在愛情中，並且使反目的夫婦再度和好，維持人間家庭和睦。

格芙瓊（Gefjon）是處女神，專司接引尚未婚嫁便死亡的少男少女來到芙麗嘉宮中，讓他們完成在人間未竟的成人禮儀。據說她並非處女，曾被巨人脅迫而懷孕，但她想到孩子是無辜的，就生下了四個混血兒。正因為如此，她更能體會處女貞潔的寶貴。有一次，奧丁派她向瑞典王吉爾菲索（Gylfi）取他承諾奉獻給神的土地。吉爾菲對格芙瓊說：「妳在二十四小時內在我的國土上耕出多少畝地，我就奉獻給神多少畝地。」於是格芙瓊召來她的四個兒子，把他們變成了四條健壯的公牛。母子協作，晝夜耕耘，在瑞典北部耕出了一大片土地，並將其拖入海中變成了丹麥的西蘭島。

艾拉（Eira，仁慈之意）掌管醫療，也會搜集各種草藥，替人們驅除疾患並負責飲食保健，而且還會將醫術傳授給人間女子[27]。

27 在古代北歐，能拿到醫生從業執照的皆為女性。

Chapter 17

惡作劇之神
及火神洛基

火神洛基執掌人間之火，是霜巨人的後代，由於他的母親是奧丁的養母，所以洛基與奧丁也成了某種意義上的兄弟。

洛基的第一個妻子是格羅特（Glut，炙熱），生有兩個女兒，分別為艾莎（Eisa，餘燼）和艾米利亞（Einmyria，灰）。每當北歐人看到木柴在熊熊烈火中爆響時，便會說是洛基在打他的孩子。

洛基的第二個妻子是女巨人安格爾波達（Angrboda），他們生下了三個未來會毀滅世界的妖怪：一是見風即長的毒蛇耶夢加德，二是惡狼芬尼爾，三是死亡女神海拉。

火能為人類帶來福祉，亦能給人帶來禍患，洛基的稟性就是如此，因而他同時也是惡作劇之神。起初他的行為是善惡參半，只是會用不至於太讓人嫌惡的方式惡作劇，因此他仍然能為眾神所容忍，位列十二位正神。

後來，洛基的玩笑越開越大，甚至變成了蓄意為之，目的和動機都越來越邪惡，後果也嚴重到不可收拾的地步。他體內的霜巨人血統讓他的心靈被魔性侵蝕，最後成為阿薩神族的敵人，徹底淪為了惡神。

當洛基還是善神時，他代表了北歐人的一種品性，那就是生活中無傷大雅的消遣。他與索爾在性格和行為上完全相反，索爾極具正義感和責任感，保持誠懇實在的生活態度，整天忙於和霜巨人交戰和保護人類；洛基則以戲謔的態度對待一切事情，哪怕是分內的正經事，也都是以消遣惡搞的態度來完成。而洛基和索爾又經常共同完成維護和平、斬妖除魔的任務。這時候他們的合作就是一種嚴肅中混雜活潑，緊張處凸顯詼諧的互補關係。後來，洛基從喜歡惡作劇變得極端自私與狡詐，以至於完全墮落後，兩人的關係也從夥伴變成了敵人。

儘管後期的洛基走上了毀壞一切、作惡到底的不歸路，但前期的他還是有討人喜歡的特質：他長相英俊，活潑聰明，能言善道，詼諧智巧。雖然他時常惡搞眾神，做了不少損害眾神利益的事，甚至讓眾神蒙受巨大的不幸，但也給眾神帶來許多歡樂。他在惹禍時，能用自己的狡詐善後，盡可能彌補自己所闖下的禍事。有時候他發現情況不受控制，會搬石頭砸自己的腳時，也能靠著機智幸免於難。而且眾神一旦有了麻煩事，也會叫他動用鬼點子來解圍。

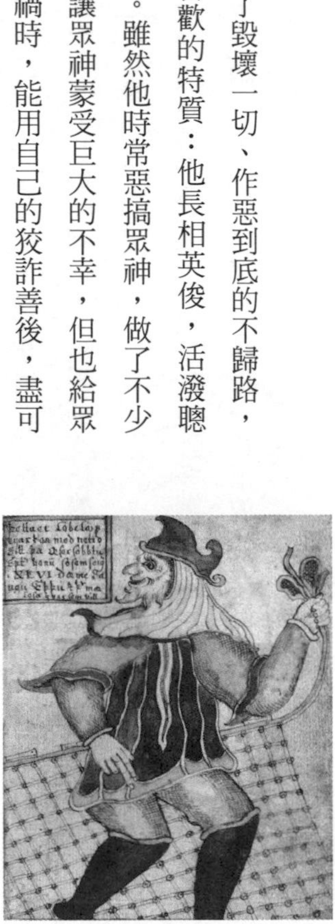

古籍中的洛基。

營救農夫之子

有一次，巨人斯克里米爾和一個農夫下棋打賭。結果巨人贏了，依照之前的賭約，巨人可以帶走農夫的獨生子，但是他們的賭約還有個條件，那就是農夫可以在一天時間內把兒子藏起來，如果巨人無法在一天之內找到，就不能帶走他。情急之下，農夫只好祈求全知全能的奧丁幫忙保住孩子，奧丁在神界聽到祈求後，馬上下凡幫助農夫。他把農夫之子化成一粒麥種，藏在麥田裡一株成熟的麥穗上。

第二天，巨人斯克里米爾來了。他在農夫家翻箱倒櫃尋找，遍尋不著孩子的蹤影。他駐足凝神片刻，拿起一把大剪刀來到農夫家門外的麥田中。俯身分開那些麥稈，逐一仔細查找搜索，終於找到了奧丁藏匿農夫之子的那株麥穗，一刀剪了下來。奧丁一直在天上關注著這件事，他見自己的手法被識破，馬上從巨人手中搶下那粒麥子，將其還原後交給農夫，「現在我已經無能為力了。我可是完完整整地把你兒子交還給你了！」

斯克里米爾見自己一眼洞穿了奧丁的魔法，不由得產生了自己比神還強大的錯覺，也非常狂妄地又給農夫寬限了一天，讓他向眾神尋求隱藏兒子的辦法。

農夫於是轉而向豐饒之神弗雷祈求幫助。弗雷將孩子變成一枚鵝絨，藏身於農夫飼養的一隻鵝胸前。但是，第二天巨人來找人時，看到農夫站得離這隻鵝很近，一下就看穿了其中的把戲，立刻就伸手提起了這隻鵝，張口咬向鵝頸。若不是弗雷眼明手快搶下了鵝，化為鵝絨的農夫之子早就被巨人吞入腹中。弗雷也只好把鵝絨變回孩子，沮喪地交給農夫說：「我盡力了！」

巨人更加得意，他同意再給農夫寬限一天。

農夫知道洛基是眾神裡面最足智多謀，同時也是最詭計多端的，但他也知道這位神亦正亦邪，性情難以捉摸，再加上平時從未向他獻祭過，所以一直不敢向他求助。現在，農夫走投無路，只得戰戰兢兢地向洛基祈禱，希望他能幫助自己。

洛基知道奧丁和弗雷的法術都在巨人面前敗下陣來，此刻聽了農夫的禱告，爭強好勝的他想藉由幫助農夫留住兒子，來證明自己比奧丁和弗雷高明。洛基將這個孩子帶到遙遠的海濱，將他變成一顆小小的魚卵，藏身於一條魚腹中。

洛基知道斯克里米爾有一雙非常厲害的眼睛，所以絲毫不敢輕視，就藏匿在海邊靜觀其變。不久後，斯克里米爾來了，而且手裡還拿著釣竿。洛基見勢不妙，隱形後躡手躡腳緊跟在巨人身後，並做了最壞的打算。斯克里米爾拋下釣鉤在海裡垂釣了一陣，果然就釣上了腹中藏有農夫之子的那條魚！斯克里米爾很有耐心地剖開魚肚，在一堆魚卵中找了許久，硬是把那粒由農夫之子所變的魚卵給找了出來。

洛基情急之下也不顧什麼賭約了，直接插手這場爭端。在巨人正洋洋得意地仰天大笑時，他從其背後一把搶過那粒魚卵，還原為農夫之子，並對他說：「快跑！跑進那座船塢，快！」農夫之子立即拔腿狂奔，斯克里米爾在後面緊追不捨。那孩子剛跑進船塢，巨人就追到了門口，但他沒注意小孩、船塢屋頂和自己身高的比例，一頭撞到了屋頂，栽倒在地。洛基趁巨人跌倒時，手起刀落，剁下了斯克里米爾的一條腿，但誰知道被砍掉的那條腿居然慢慢移回巨人身邊，接上去了。

洛基除了是魔法眾多、詭計多端的神，還有巨人血統，早就知道這些魔法的應對方法。他馬上又砍掉巨人的另一條腿，然後在傷口上投擲了鐵片和燧石，破了巨人的魔法，巨人的身體接不上，便當場喪命。

巨人死後，農夫的孩子也回到了父親身邊。自此，這個農夫就把洛基當成本領最為高強的神了。

營救漁夫，弄巧成拙

雖然洛基時常捉弄神族和巨人，卻很少對凡人惡作劇。不是他宅心仁厚，而是折騰人類完全不像作弄神魔那樣讓他興奮。儘管他經常跟神魔爭鬥，甚至搞出人命，但多以狡計在背後挑撥使壞，很少正面與神族或巨人對決，但他的捉摸不定和善惡無常，是阿薩諸神（包括他自己）都無法預見和控制的。

人類很少向火神洛基祈禱，是因為他老是不請自來地添亂，也不像主神奧丁、雷神索爾、豐饒之神弗雷等那般有求必應，甚至，有時候會有反效果。但向洛基祈求的人少，不代表沒有人祈求；他作惡多端，並不意味著他惡貫滿盈，沒有施善。

一次，一船膽大的漁民越過北極圈到了霜巨人的領海捕魚，當他們滿船豐收準備返航時，被浮冰擋住了去路。船長令水手在冰面捕捉海豹和北極熊，並在甲板生火，融化牠們的脂肪後傾倒在冰面上，意圖脫困。

這下子可惹怒了這裡的原住民——霜巨人。霜巨人們逮住這一船私自闖入的凡人，準備斬斷他們的四肢變成海豹人，讓他們餘生都在冰面上蠕動爬行，感受躲避北極熊的滋味。

就在刀子要砍到漁民身上時，他們抓緊時間跪下祈禱，「我全知全能、無所不能的火神洛基啊！您的子民因為生火烹調，就要被霜巨人肆意屠殺。我們誠心向您祈求，解救我們脫離此地！」

此時，洛基正借了芙麗嘉的鷹羽衣打算到處作亂，經過此地，碰巧聽到求救者對他的讚頌和呼救，便決定出面拯救這一船人。洛基一落地，漁民們就一改平時避之唯恐不及的態度，用力抱著洛基大腿，霜巨人這邊也據理力爭。

洛基是應人類的祈禱才蹚這渾水，自然便與霜巨人辯駁起來。霜巨人們被駁斥得啞口無言，乾脆動起手來，拿起各種武器就和洛基對打。洛基一見來者不善，急忙拔出隨身佩刀應戰。巨人們人多勢眾，身高力壯，讓遭到圍攻的洛基著實費了一番力氣。等洛基砍翻了所有巨人後，才發現不僅自己受了傷，漁民裡也有傷亡。

為救傷者，他需要能讓斷肢再生的聖藥，但他卻不願返回神界拿取，只因為他怕自己沒保護好凡人的事情被知道以後，那些平時經常被他捉弄的神肯定會嘲笑一番。不得已，洛基只能披上鷹羽衣，前往離他最近的地下城。

一下到地底，洛基就遇到了曾有過節的黑侏儒布魯克。布魯克本來不想搭理洛基，但看到他支吾其詞，反而更加好奇，便假意盛情邀請洛基去自家小坐。

洛基進退兩難，怕被黑侏儒知道自己辦事不力，但也明白事態緊急，於是也不再虛與委蛇，開門見山地說道：「如你所見，我身上的傷口已經昭示我的窘境。過往我率性而為，捉弄了你們，現在這些鮮血也算是償還。希望你們不計前嫌，幫助我擺脫困境。」

布魯克心裡根本不接受洛基的說辭，想趁此機會好好報復，但表面上卻裝作原諒了洛基並答應幫忙。

致稱讚。而洛基則故意雞蛋裡挑骨頭，大唱反調，不停地訓斥費瑪芬格服務不周，直到阿薩諸神實在看不下去了，紛紛起來斥責洛基的無禮。而洛基則對著諸神破口大罵，諸神忍無可忍，拿起了盾牌，把洛基逐出宮殿。

當眾神重回宴席時，決心跟眾神作對到底的洛基又折返回來。他在大廳外面遇到了埃爾迪爾，埃爾迪爾雖然心裡不滿，但也不敢怠慢，只好如實告誡洛基，「你如今不被眾神歡迎，還是離開這裡吧。」

但洛基哪肯就此罷休，他冷笑道：「我偏要再進去看看他們有多歡樂，不僅如此，我還要在他們的酒水中下毒，這次，我要為他們帶來更多災難和仇恨！」

埃爾迪爾勸道：「如果你再跟他們起衝突，他們的態度只會比以前更強硬！」

洛基對埃爾迪爾的勸阻置若罔聞，大搖大擺地闖進宴會大廳嚷道：「這一路可真是風塵僕僕啊！眾神啊，可否給我一杯酒？」

場內眾神見洛基居然又厚顏無恥地回來了，皆對他不理不睬。洛基就厚著臉皮問身邊的藝術之神布拉基，「這些神為什麼如此高傲？既不跟我打招呼，也不給我個座位，是不懂待客之道，還是想再將我請出去一次啊？」

布拉基本來就能言善道，此時更是不留情面，「眾神只和朋友打招呼。雖然你以前是我們的一員，但如今酒席上再也不會有你的位置了！」

洛基冷哼了一聲就逕自朝著奧丁走去，邊走邊冷笑道：「奧丁，別忘了我們可是兄弟啊！」

奧丁不願當眾違背誓言，迫於無奈，只好對森林之神維達說：「為蒼狼之父挪出一席來，以免他又做出什麼事情來。」於是維達站起身來為洛基斟了一杯酒。洛基來到眾神面前逐一舉杯相碰，唯獨略過布拉基。接著，他又對諸神舉杯致意。

對於洛基的無禮挑釁，布拉基只淡淡一笑，喝掉了杯中之酒。但洛基卻沒打算放過他，嚷道：「我可沒敬你酒，你為什麼喝酒？」

但布拉基也不是省油的燈，「好歹曾經兄弟一場，可以好聚好散。你這樣只會激起大家對你的仇恨。不管你最後是選擇要跟我們決裂還是疏遠，要的是利刃還是美酒，我們都奉陪到底！」

洛基冷笑回道：「布拉基你算什麼東西！你就是一個出生在巨人國、靠著關係進入神界的野種，而且在諸多的戰鬥中，哪一次你是身先士卒到前線作戰？你不過是個只會躲在一邊發抖的懦夫！」

布拉基哪裡受得了洛基如此過分的侮辱，他怒喝道：「要不是怕你骯髒的血會弄髒伊吉爾的廳堂，我早就砍下你的頭了！」

洛基反唇相稽：「哼！旁人都覺得你是個可在酒宴上吹拉彈唱的藝術家，而且還豪氣逼人，慷慨激昂。可惜實際上你卻是一個外強中乾的孬種。如果你不服氣，那就到外面跟我比試比試啊！阿薩諸神的英雄事蹟可不是靠你的嘴巴吹出來，而是要用實際行動來證明！」布拉基怒不可遏，噌的一下就站起來要到室外應戰，卻被妻子伊登死死拉住。

見此情景，洛基不僅沒收斂，反而變本加厲，開始辱罵伊登，甚至將隨後勸架的眾神辱罵了一遍，連奧丁和索爾的妻子也沒放過。正在他對希芙出言不遜時，大廳被外面傳來的雷鳴般的車輪聲震得直顫，大家都驚呼，「索爾來了！」

話音剛落，索爾已經衝進了宴席，他造成的地動山搖讓在場所有人都站不穩。索爾指著洛基吼道：「閉嘴！不然我就像砸碎霜巨人的腦袋一樣，用雷神之鎚砸爛你的頭！」

雖然洛基見識過多次雷神之鎚的威力，但還是硬著頭皮頂撞這個他最怕的神，「你雖勇猛，卻連斯克里米爾的繩結都解不開，跟霜巨人角力更是連一隻貓都提不起來！摔角還輸給老婦人！」

索爾氣得失去理智。洛基一見苗頭不對，知道索爾要動手了，便準備趕緊腳底抹油，逃離現場。但即便這樣，他還是一邊惡毒地詛咒眾神，「伊吉爾，以後每次只要你辦宴會招待阿薩諸神，我就會來破壞一次。而且，最後將會有一場漫天大火吞噬並淨化眾神和世間的一切！」

洛基在宴會上辱罵布拉基。

在伊吉爾的盛宴上大鬧一番後，洛基自知眾神會找他算帳，於是他在一座視野開闊的山頂上修了一間四面有門的茅屋，隨時敞開，觀察四面八方的動靜。他每天戰戰兢兢地躲在裡面，隨時準備逃跑。洛基甚至計畫，如果眾神前來圍捕，他就跳入附近的一條大河中，變成鮭魚順流逃走；但生性多疑的他又怕眾神撒網把他撈起來，於是決定先織一張網，想試驗一下自己能否從網眼中穿過。

誰知道魚網才織了一半，奧丁就在那座能俯覽天上人間的寶座上看到了洛基，他隨即率領索爾等神下凡捉拿他。洛基發現眾神逼近，趕緊將還未完工的網投入壁爐火焰中，奪門而出，飛身跳入河中，化作一條鮭魚躲在兩塊岩石的夾縫裡。

奧丁眾神在洛基剛才藏身的茅屋旁降落，遍尋洛基不著。弗雷在壁爐火堆的殘灰中發現了尚未燃盡的魚網，馬上意識到洛基可能變身魚類逃脫。眾神很快就結好了一張網，來到茅屋旁的河中，從源頭撒網，反覆撈了幾回，但因為洛基藏身於石縫中，魚網要不是從石頭上滑過，就是被石頭卡住。

洛基以為自己會安然脫身，不禁得意了起來。這時，他聽見眾神又準備下網，還看見索爾下河清理河道中的石塊。眼看索爾就要搬起自己藏身處的巨石，洛基心知不妙，趕忙往上游逃去。索爾清理完河道的所有石頭，眾神就在河道兩旁拖著網往上游捕撈。洛基見面前是一道自己不可能游過去的瀑布，身後是快要撈著自己的網，只好縱身躍出水面，越過魚網又往下游逃去。眾神認定這條魚就是洛基，立刻掉轉方向往下游拖網，很快就到了大河的入海口。

洛基第三次想要跳出水面，翻過魚網再游回上游的淡水河中。雖然這次他跳得很高，但眼明手快的索爾立刻伸手一抓，擒住了洛基，並用咒語使其現出了原形。

眾神將洛基關押在一個幽深陰冷的洞穴中，然後把他的妻子希格恩（Sigyn）和兩個兒子帶來。他們將洛基的小兒子瓦力（Vali）變成一頭餓狼，這餓狼馬上就把自己的哥哥納爾弗（Narve）開腸剖肚。眾神再把洞中的巨石作為刑柱並穿孔，就像之前警告洛基的那樣，用他兒子納爾弗的腸子穿過石孔，把洛基牢牢地捆在了巨石上。

為了防止洛基逃脫，眾神還在腸子上加了魔法，讓洛基永遠無法掙脫，更不可能用魔法變身逃走。冬之女神斯嘉蒂特別憎恨洛基，因為他不但當眾侮辱了自己和已故的父親，更一手釀成了父親慘死的血案。於是她取來毒蛇吊在洛基頭上，蛇的毒液會一直滴在洛基臉上。因為洛基無法移動，他的一張俊臉會被蛇毒不停腐蝕，而且蛇毒還會隨著面部的傷口進入他全身的血液中，讓他肌肉和骨頭都承受劇痛。

洛基的妻子希格恩為了不讓丈夫受蛇毒侵蝕，日復一日地站在洛基身旁，用一只碗接住滴下的蛇毒，但這只能暫時緩解洛基的痛苦，因為碗裝滿了毒液以後，希格恩只能離開洞穴傾倒毒液，這時毒液就會繼續滴在洛基臉上。劇痛讓洛基拚命掙扎，妄想掙脫，於是大地也隨之震動，這就是地震的由來。

直到諸神的黃昏，也就是世界末日到來，洛基才能從這山洞逃出，和霜巨人及他的三個怪胎後代一起顛覆整個世界，與眾神同歸於盡。

Chapter 18

死亡女神
海拉

死亡女神海拉是火神和惡作劇之神洛基的女兒。她出生於極北極寒的巨人國約頓海姆，後來被奧丁封為死神，派遣到尼夫爾海姆深淵下的冥界，統領幽冥死域。

海拉的領域寒冷黑暗，世間的亡魂需得騎馬或乘車才能到達，而且最好穿上特製的牢固且底厚的渡亡魂靴，否則就只能赤腳在冰冷刺骨、犬牙交錯的尼夫爾海姆深溝岩石上爬行九晝夜。

海拉統治的冥界宮殿名叫悲慘宮。

冥界門口有一條冥河（Gjoll），河中流淌著鋒利的尖刀，所有亡魂都得從河上那座用髮絲吊起來的鑲金水晶橋上走過才能進入冥界。而橋頭則由猙獰的枯骨守護者莫德古德（Modgud）把守，凡要過橋者，都得供他吸血後才肯放行。通往冥界道路上的亡魂被崎嶇道路刺穿腳，劃破全身，又被吸血，在膽戰心驚地走過吊橋後，並不算結束，還得穿過一片樹林，全身被鋒利的鋼鐵樹葉刮下很多皮肉，才能到達海拉的宮門。宮門口有巨大的地獄犬加爾姆（Garm），只有用海拉餅才能買通牠，不然牠就會扯掉你全身的皮。宮內一片黑暗虛空，冷得就像冰庫，尼夫爾海姆深淵之上的赫瓦格密爾泉水也從這兒匯入地下。

海拉的宮殿名叫悲慘宮（Eliudnir），宮中以恐懼為簾幕，饑餓為食物，飢荒為餐刀，病榻為臥床，絆腳石為門檻。海拉的男僕叫遲緩（Ganglati），女僕叫怠惰（Ganglot）。海拉專門收容因衰老和疾病而死的人，以及殺人犯和冤屈而死之人，還有遭不幸卻未流血而死的人。雖然海拉對那些生前不作惡的鬼魂也算和善，但冥界畢竟是北歐人所唾棄的歸宿，他們更願意戰死沙場和海上，或者殉情而死，因為這樣自己的魂魄可以飛升到神界安息。至於那些生前作惡多端和行為不軌的亡魂，會被海拉投入死屍之壑納斯特隆（Nastrond）中，永受寒泉冰凍和毒蛇噬咬之苦，或投給毒龍尼德霍格做食物，以免牠啃咬世界之樹根。

海拉也經常騎一匹三足白馬，帶著掃帚和耙到人間出遊，四處散播瘟疫，搜集亡魂。當瘟疫爆發蔓延時，如果一村中死了一半的人，人們就說海拉是用了耙；如果全村人都滅絕，則說她是用了掃帚。

Chapter 19

諸神的
黃昏

「諸神的黃昏」是阿薩神族的劫難之日、滅亡之時，更是世界末日。它是神魔之間最後一次決戰，也是新世界浴火重生的契機，是冥冥之中註定的一場辭舊迎新的悲喜劇。

自從眾神判了洛基無期徒刑後，他們就意識到諸神的黃昏離他們越來越近了。

眾神當初建立阿斯嘉特，封洛基為十二正神之一，並讓他居住於此，就是個錯誤的決定。而且他們經常在做了錯誤決定並造成損害後，還讓洛基出鬼點子彌補，最終破壞了和平，爆發了多起戰爭。他們在洛基餿主意的影響和蠱惑下，做出了很多背信棄義的事，日漸喪失了威信和名譽，最後甚至讓聖潔的阿斯嘉特都變成了血污的不潔之地。諸神屢次將誓言置之腦後，濫用自己手中權力，漸漸地變得虛偽、貪婪、狂暴。巴德爾之死宣告眾神已走下神壇。作為造物主，他們已不具備對世間萬物的領導力。

而此時眾神已經意識到了洛基在阿斯嘉特的危害，而這危害還在擴大，變得有點不可收拾，於是他們便將洛基逐出神界，而洛基流落人間後，教唆克制力弱於神、但欲望卻大於神的人類墮落犯罪。這下可就天下大亂了。雖然隨後眾神囚禁了洛基，但損失卻難以彌補。

眾多累積的錯舉讓眾神失去了對魔道勢力的威懾力。神之劫難的烏雲不只壓在眾神心頭眉梢，還籠罩在阿斯嘉特的上空。

駕馭日月雙車的瑪尼和蘇爾兩兄妹被天狼追趕的距離越來越近，他們飄揚的衣服都快被咬到了。他們巡視照亮大地的時間越來越短，日月也越來越難以露面。無盡的寒冬來了，饑荒和寒冷在地面肆虐，漫天大雪將一切掩蓋。霜巨人從北方放出了風刀霜劍，大地上千里冰封。這殘酷的嚴冬持續了三年，不僅沒有結束的徵象，還更變本加厲。人類因為饑荒而開始自相殘殺，各種醜陋罪惡一併上演。

在冥界中，芬尼爾的母親安格爾波達用殺人者及姦淫者的屍體餵養惡狼哈提、斯庫爾（Skoll）、瑪納加爾姆（Managarm）。由於人間的罪人太多，這三匹惡狼被餵得身強體壯，一張開血盆大口就能在天上映出濃濃血影。現在，這三匹狼更加兇猛地追趕日神和月神。

由於世界末日即將降臨，大地頻繁顫抖，繁星也從空中墜落。而被禁錮的洛基、芬尼爾和地獄犬加爾姆都在極力掙脫束縛。這三個唯恐天下不亂的魔怪將身上的鎖鏈弄得震天價響，似乎是在為眾神預告著他們即將脫獄。

終於，冥界的毒龍尼德霍格咬穿了世界之樹的樹根，支撐世界的世界之樹痛得不斷顫動，快要倒下；高棲在英靈殿上的紅色雄雞費雅勒（Fialar）立刻高聲報警；彩虹橋上的守望者海姆達爾看到種種不祥之兆，也隨即拿起號角，吹出了激昂的警示聲，響徹世界。

阿斯嘉特眾神和英靈殿的所有英靈戰士都響應號召，披掛整齊，跨過彩虹橋，來到阿斯嘉特郊外的伊達瓦爾德平原上布好陣形，準備迎戰魔界大軍。

與此同時，平時蜷縮在海底的耶夢加德巨蛇升騰而出，激起滔天巨浪後躥出水面，爬上陸地，向伊達瓦爾德平原而來；掙脫束縛的洛基和芬尼爾，隨後也率領穆斯貝爾海姆的火巨人蘇爾特爾和他的兒子們蜂擁而來；來自極北之地的霜巨人們共乘一艘大船，揚帆駛向了戰場，這巨艦的桅杆高到普通人要用一輩子的時間才能爬到頂，甲板寬闊到要靠馬匹才能送信；死亡女神海拉乘坐用亡者指甲做的船，從地下的赫瓦格密爾泉來到地面，同時也帶來了她的地獄犬加爾姆和毒龍尼德霍格，毒龍一從地底爬出，就展翅飛向戰場上空，翅膀上掛滿了滴著毒液的毒蛇和散發著惡臭的死屍。洛基帶領上述所有邪魔直撲伊達瓦爾德平原。火巨人蘇爾特爾高舉他的烈焰之劍，天空被映得一片血紅。

眾神雖然早就在備戰，但如今奧丁只剩一隻眼睛，提爾只有一隻手，弗雷也沒了勝利之劍，僅能用鹿角作為武器，但卻絲毫不影響他們的勇氣和鬥志。奧丁還抽空趕到烏爾德聖泉旁，要從命運三女神處看看結局。他看到三女神都面罩薄紗，緘口不言，身邊有一張破網。奧丁再次知道神族必敗的結局，但他還是毫不畏懼地踏上了戰場。

在諸神的黃昏到來之際，神魔兩軍在伊達瓦爾德平原上對峙。

神魔兩軍在伊達瓦爾德平原對峙，一邊是阿薩神族、華納神族和眾多英靈戰士，一邊是神界的叛徒洛基、火巨人蘇爾特爾家族、眾多霜巨人、海拉和惡靈軍團、毒龍尼德霍格、地獄犬加爾姆、蒼狼芬尼爾和耶夢加德毒蛇。芬尼爾和毒蛇耶夢加德口中噴出的火焰和毒霧瀰漫了整個戰場。

雙方並未多言就直接開戰。奧丁對付芬尼爾，索爾對付毒蛇耶夢加德，提爾對付地獄犬加爾姆，弗雷對付蘇爾特爾，海姆達爾對付洛基。其餘眾神和英靈戰士們則衝入敵陣各自找對手廝殺。

但如同之前的多次預言一樣，眾神難逃厄運。芬尼爾跟奧丁搏鬥時，躲閃起來異常靈活，奧丁的永恆之槍完全無法刺中牠，而芬尼爾越戰越勇，身軀也隨之膨脹起來，最後居然張開大口，上頷頂天，下頷著地，一口吞下了奧丁。

一旁的眾神雖看見主神奧丁被吞噬，卻都無法抽身營救。弗雷雖然英勇，但因為求婚時把勝利之劍送給了霜巨人，所以在充當武器的鹿角被砍斷後，被蘇爾特爾的烈焰之劍穿胸而亡。

海姆達爾倒是稍佔上風，但當他一刀把洛基劈成兩半後，洛基垂死一擊，又用斧頭砍掉了他的頭。他們二人同時陣亡。提爾單手持刀刺進了地獄犬加爾姆胸口，但自己的脖子也被地獄犬咬斷。

索爾與耶夢加德毒蛇惡鬥數百回合後，一鎚砸碎了蛇頭，但同時也被毒蛇噴出的毒血毒死。千鈞一髮之際，維達從森林趕來，他身形暴長，一腳踩住芬尼爾的下頷，雙手抓住牠的上頷，挺身將這惡狼從頭到尾撕成兩半，為父親報了仇。

伊達瓦爾德平原上成了修羅場，隨處遍布著殘屍斷臂。蘇爾特爾雖然刺死了弗雷，但也受了重傷，正是這個傷口讓他發狂，他揚起烈焰之劍亂劈狂砍。剎那間，天地冥三界俱被烈焰吞噬，大地被燒為一片焦土，世界之樹也化為灰燼，慢慢沉入沸滾的海水中。世界末日終於到來，蘇爾特爾造成的大火雖然燒毀了世界，卻也燒毀了一切的惡，善惡同歸於盡，混沌的黑暗籠罩著宇宙[28]。蘇爾特爾在臨終前總算做了件好事。

28 「諸神的黃昏」傳說認為，世界最後被沖天大火所滅，烈火消退之後誕生出新世界。這裡的火焰指的可能就是火山爆發。北歐地震與火山活動頻繁，火山爆發時宛如世界末日一般，但火山爆發之後迸出的岩漿冷卻後形成火成岩，誕生大火焚燒了一切，善惡神魔皆化為烏有。阿薩諸神辛苦創造的世界被沸騰的海水完全淹沒。整個世界陷入創世之初的混沌與黑暗中。

後來，經過了很長一段時間，海水溫度逐漸下降，大地也浮出海面，經過此番沖刷後，一切都變得異常清新。太陽女神蘇爾之女稟承母親遺願，打撈起沉在海底的太陽馬車，飛馳過天空，於是陽光再次普照在新生的大地上，花草樹木也鑽出了土壤。

這時，有兩個人牽手從智慧之泉來到了綠意盎然的地面，男的叫利弗（Lif，生命），女的叫利弗詩拉希爾（Lifthrasir，生命之渴望），成為浴火重生新世界的見證者。

維達經過地獄之火和沸騰海水的淬煉後，脫胎換骨，更加強大。他回到了伊達瓦爾德平原，在那裡遇見了索爾的兒子，他們還撿到了索爾的雷神之鎚；巴德爾和雙目失明的霍德爾也從冥界復活，這對雙生子也已前嫌盡釋，過往的罪孽被洗贖，現在光明和溫暖終於重回大地。全新的世界降臨。

在諸神黃昏過後許多年，一男一女牽手從智慧之泉來到了綠意盎然的地面，成為新世界的見證者。

出的新大陸又充滿無限生機，因此「諸神的黃昏」傳說，其實來自自然現象。

Chapter 20

奧丁和他的英靈戰士

為了避免阿薩神族在諸神的黃昏來臨之際慘遭覆滅，奧丁總是不辭辛勞地在人間點燃戰火。他讓庸才懦夫把持朝綱，然後再下凡挑起矛盾，引發爭端，操縱戰爭，讓不少的英雄和勇士戰死沙場，以便進入英靈殿，擴充他的英靈戰士戰隊。奧丁的很多故事都是在導演人間英雄的悲劇，他一生中的大部分時間都在人間發掘和召喚英靈戰士。

戰牙哈拉爾德

丹麥國王西格爾（Sigurd）撒手歸西後，其王權唯一繼承人是孫女古蘿（Gro）。古蘿美麗聰穎，血統高貴，現在又成了丹麥最高領導人，所以有不少王公貴族希望能夠娶她為妻，以便得到丹麥的統治權。

聰穎的古蘿很清楚自己的婚姻左右著國家的局勢，因此擇偶條件非常苛刻，只肯嫁給文武兼備的名門望族。後來，她嫁給了擁有挪威王室血統的哈夫丹（Halfdan），只是這對伉儷婚後多年都無子嗣，盼子心切的哈夫丹便隻身前往阿薩神廟祈求奧丁的眷顧。

隔了不久，他們生下了兒子哈拉爾德（Harald Hildetan）和女兒梅妮雅。為了早日將兒子塑造成強硬的統治者，哈夫丹和古蘿帶領哈拉爾德參加了收復丹麥失地的戰爭。夫妻二人身先士卒，浴血奮戰，但哈夫丹不幸被斯科納國（Skåne）國王維斯特所殺。古蘿強忍喪夫之痛，衝入敵陣，把同樣陷入包圍的兒子救了出來。在撤退過程中，敵人一箭射中了哈拉爾德的屁股。

哈拉爾德是奧丁所賜，所以比起其他人，得到了更多神的眷顧。他不僅長得格外魁梧英俊，十五歲那年，奧丁還親自傳授給他「狂戰士」戰術。當他在戰場上使用「狂戰士」戰術時，就像吃了興奮劑一樣，攻擊力和移動速度都會增強，而且對疼痛的反應近乎於零。傷痛根本無法阻止他的進攻，只有死亡才能讓他停手。哈拉爾德發誓，要將戰場上的英烈包括自己，都奉獻給偉大的奧丁，作為對奧丁眷顧自己的報答。

哈拉爾德人生最大的目標，便是手刃殺父仇人維斯特，他一直苦練戰技，伺機報復，同時也派出了很多間諜埋伏在維斯特身邊，隨時掌控行蹤。終於有一天，他得知維斯特要舉行婚禮。於是在婚禮當天，他喬裝打扮混進了婚宴。在維斯特和侍衛酩酊大醉時，年僅十七歲的他拖著一根粗大的木棒衝進維斯特的房間，與仇人進行殊死搏鬥，將仇人斃於棒下。雖然對方肝腦塗地，但他自己也掉了兩顆門牙，因而獲得了「戰牙」的稱號。

維斯特一死，經常侵略丹麥的斯科納國群龍無首，成了一盤散沙。哈拉爾德不費吹灰之力就將斯科納的國土納入了丹麥的版圖，接著乘勝追擊，將那些自祖父死後就割據一方的國家逐一收服。他既報仇雪恥，還完成了父親的遺願，重新統一了丹麥。

對於哈拉爾德這種為戰爭而活的勇士來說，最痛苦的莫過於閒暇無戰事的和平時期，所以當他聽說父親的遠親、挪威國王阿斯蒙德被妹妹聯合前朝老臣奪取王位後，決定親自去幫叔叔奪回王位。

當時丹麥跟瑞典有領土爭端，所以他無法借道瑞典討伐隔海相望的挪威叛軍。由於是家族繼承權矛盾而非國家領土爭端，所以公私分明的哈拉爾德駕著一艘小船隻身前往挪威，而沒有調動麾下的軍隊。哈拉爾德先禮後兵，在與叛軍談判失敗後，開啟了「狂戰士」技能孤身殺入敵陣中。為了保證移動的高速和強大的攻擊力，他沒有佩戴頭盔和甲冑，但由於有奧丁的魔法加持，他在戰場上如同開啟了金鐘罩、鐵布衫的技能，對所有攻擊完全免疫。經此一役，哈拉爾德將大批敵軍勇士的英靈獻給了奧丁，輕鬆掃除了阿斯蒙德之妹的黨羽。他將阿斯蒙德扶上了王位，並婉拒了阿斯蒙德的重金酬謝，贏得了莫大的榮譽和威望。

但榮譽和威望只在擁護和愛戴你的臣民前有效，對野心家來說，卻只會刺激他打倒你的渴望。瑞典國王英喬德（Ingjald）便是個不滿足祖先基業，以擴張版圖為樂的侵略狂，他希望打敗聲名顯赫的哈拉爾德，如此一來不僅能吞併丹麥國土，還能威懾周邊小國，達到兵不血刃就將其佔領的目的。

所以英喬德趁哈拉爾德剛渡海回國還未休整時，就對丹麥發動進攻。他本以為讓哈拉爾德疲於作戰，對方就會潰不成軍，但人算不如天算。哈拉爾德一生戰場無敵的命運是由奧丁安排的，其命運自然比一般的國王還要強韌，而且，擅長單挑和以一敵眾的哈拉爾德不僅個人作戰能力強，軍事作戰指揮的能力也是出類拔萃。他利用奧丁傳授給他的「野豬陣」集中兵力攻擊和瓦解敵人，在對上英喬德的戰爭裡完勝對方。後來英喬德不堪戰爭的重負，不得不割地賠款來向哈拉爾德求和，而且還娶了哈拉爾德的妹妹，以聯姻確保今後的和平。

但是奧丁需要的不是和平，人間唯有不斷戰爭才符合神界的利益。人間的烈士越多，神界就多一分脫離劫難的機會。哈拉爾德的命運不僅跟神界緊密交織，還是由奧丁親自導演的。接下來，奧丁將引發戰火的永恆之槍丟到哈拉爾德的遠親當中，而哈拉爾德知道這是奧丁在催促他，要他獻上更多英靈戰士，所以他只能南征北討，避免奧丁將永恆之槍投向他親友的國度——因為一旦永恆之槍投向某處，此處必定燃起戰火，土地也將被鮮血浸透。

哈拉爾德向東征服了俄羅斯，向南征服了萊茵河畔的日爾曼諸國，向西征服了英格蘭和蘇格蘭。他的隊伍中集結了來自歐洲各國的勇士，雖然他們身懷不同絕技，但都有一個共同點，那就是無視恐懼與死亡。他們在入伍時都要接受一項勇氣考驗，主考官會手持利劍，飛快地削向應徵者的眉毛。如果應徵者眨眼，就不能入伍，還會因其懦弱而遭人恥笑。只有無懼利劍的人才能被選入這支強大的軍隊。

英喬德與哈拉爾德的妹妹生下一個叫西格德．赫林（Sigurd Hring）的兒子後就去世了，哈拉爾德竭力將外甥撫養成人，並把奧丁傳授給他的絕學傾囊相授給西格德。西格德成年後，哈拉爾德扶持他順利登上瑞典王位，並讓跟西格德一起長大的普拉尼充當信使，為他和西格德傳遞書信，如此教導西格德怎樣安邦治國。

奧丁的挑撥：哈拉爾德與西格德的甥舅之戰

由於哈拉爾德征服了整個歐洲後，已經年老體衰，再無力帶兵打仗，所以北歐出現了多年難見的和平景象，英靈殿許久未遞補英靈戰士，這引起了奧丁的不滿，於是他決定挑撥舅甥間的關係。這樣不僅能引發丹麥和瑞典間的大戰，還能把哈拉爾德接上英靈殿。

於是，在普拉尼去瑞典送信渡河時，奧丁暗中讓冰面突然解凍，被凍僵的普拉尼無力游到對岸，不幸溺水身亡。奧丁趁機化身為普拉尼，將竄改後的書信遞交給西格德。

信上寫道：「我依然稚嫩的外甥，我多年以文武技藝心血相授於你，但遲遲未見你有卓越功動。我們家族素來以驍勇聞世，但只怕從你這代開始要讓人失望了。」

西格德看到書信後非常納悶，舅舅雖然歷來對他寄予厚望，但也不失疼愛，現在書信上如此嚴苛的言語，讓身為一國之君的他略感不快。但他還是馬上回信：「如果家族榮譽重於一切，我所有的一切包括性命，都輕於鴻毛。現在我的武藝都日漸嫻熟，而且也在厲兵秣馬地備戰，一旦時機成熟，就會奮不顧身的投入戰場。」

奧丁又將經過處理的書信交給了哈拉爾德。信上直呼哈拉爾德為「我曾經戰功卓著的舅舅」，並說，完美的勝仗要在正確的時間和正確的地點完成，希望你不會隨著年齡增長而喪失穩重，而我正要承傳穩重這一優良的家族品德。

哈拉爾德閱畢，對外甥的挑釁言辭勃然大怒，氣得將來信撕成碎片。就這樣，兩位國王的關係變得劍拔弩張。年輕氣盛的西格德為成霸主之業，不惜背負罵名與舅舅開戰；而哈拉爾德則想在就死之前為奧丁奉獻最後一批勇士，如果得勝，也可以給不可一世、驕橫跋扈的外甥一個教訓；如果戰敗，自己可以跟多年精心挑選的勇士共赴英靈殿。在戰場上轟轟烈烈地結束叱吒風雲的一生，好過因為衰老和疾病死去，無論戰果如何，他都不吃虧，也不影響他對奧丁的誓言。

終於，丹麥和瑞典間的戰爭在奧丁的不斷促成下爆發了。

哈拉爾德在戰車上督戰，由於年事已高，無法將戰場上的戰況看得清楚，但卻能隱隱約約看到戰場上有越來越多身著紅色盔甲的丹麥士兵倒下，而身著藍色盔甲的瑞典士兵則未見減少。哈拉爾德感到自己第一次在戰場上處於下風，知道奧丁已經拋棄衰老的他，轉而支持年輕的西格德了——因為西格德能夠不斷打仗，持續把英靈奉獻給奧丁。西格德就像當年的他一樣，已經得到了奧丁傳授的「野豬陣」和「狂戰士」之術了。他知道了一切，曉得西格德為什麼會頂撞他，也明白兩國開戰的原因。

他對奧丁說：「我的主啊！很榮幸能在你面前將自己和麾下勇士都奉獻給你。由於我也有『狂戰士』之術，所以瑞典人刀槍劍戟對我的攻擊都無效。還是借你的聖手讓我在戰場上英勇歸天吧，這種死亡方式也是我最渴望的。」

於是奧丁讓哈拉爾德戰車的車輪輾過一塊大石，哈拉爾德因顛簸而被拋出了車外。奧丁從車身上折斷木製車轅敲碎了哈拉爾德的頭顱。這樣他們雙方都履行了諾言，哈拉爾德將自己獻給了奧丁，而奧丁送哈拉爾德升天的木製車轅既非刀槍也非箭鏃，也沒有違反當年給哈拉爾德刀槍不入的承諾。

瑞格納智取巨蛇，娶得公主索拉

西格德有一個十五歲的兒子瑞格納．洛德布羅克（Ragnar Lodbrok），體格魁梧，睿智多才。對朋友極為仗義，對敵人則非常兇狠，奧丁也十分重視這個極有潛力的勇士，更為他準備了一艘海盜船，讓他招兵買馬，在海洋上磨練膽量、意志和領導能力。

當時條頓國王有個美若天仙的女兒索拉（Thora），國王極為寵愛她，不僅為她修築了一座金碧輝煌、極盡奢華的宮殿，還每天送她一件貴重禮物。久而久之，這位公主也對金銀珠寶、名貴首飾感到厭倦了。於是，國王為了滿足她，改為每天送她一件稀奇古怪的禮物。

有一次，國王送了索拉一條通體晶瑩剔透的小蛇，索拉非常喜歡這個禮物，把牠養在精美絕倫的首飾盒裡面，而且還在牠身下鋪滿黃金。小蛇一天天長大，已無法容身於首飾盒，於是鑽出來，棲息在宮殿中，索拉就在宮殿的地上都鋪滿了黃金。後來，蛇長大到宮殿已無法容納，就爬到宮殿外並盤繞起來。

索拉的宮殿被牠圈繞起來後，除了遞送食物的奴僕外，任何人都無法靠近。而且小蛇長成巨蛇後，每天都要吃一頭牛，這對國王來說是個不小的負擔。最關鍵的是，巨蛇對索拉公主產生了強列的佔有心態，把自己當成公主的守衛，不讓她離開半步。國王懾於巨蛇的威力，要見女兒一面也不行。

國王現在更害怕巨蛇不停地生長，局勢會無法控制。所以他對外開出條件廣召勇士，凡能憑一己之力殺死巨蛇，即可娶公主為妻，而巨蛇身下的黃金都可作為嫁妝。不少年輕勇士為了美人、財富與盛名而前去屠蟒，結果都成了巨蛇的腹中之物。

瑞格納聽聞此事，覺得這個任務的難度和風險，比起海盜的生涯要低很多，但好處卻比在海上擄掠高很多，於是他穿了件塗滿松脂的熊皮衣，把連接劍刃和劍柄的鉚釘弄鬆，然後前往目的地。

瑞格納來到索拉宮前，二話不說揮劍就猛砍巨蛇頭部。巨蛇即刻醒來，馬上纏住了瑞格納，但瑞格納的熊皮衣塗滿松脂，其滑無比，根本纏不住。瑞格納第二次出手，就把利刃刺進巨蛇要害直。巨蛇拚命掙扎，於是劍刃從劍柄上脫落。瑞格納拿著劍柄轉身離開王宮。背後負傷的巨蛇不停翻滾，傷口也越來越大，終於因為失血過多離開了牠最愛的主人。

索拉被巨蛇垂死掙扎的動靜驚醒，看到限制她人身自由的巨蛇已經死亡，而殺死巨蛇的英雄似乎就是哼著小曲離開的男子。男子在血泊中只留下了劍刃，留給索拉無限遐思：「他之所以不辭而別，應該是不願讓自己看到他滿身血污的樣子。看來他想以完美的形象出現在我面前，想必我們以後一定會再見。」

會有如此佳人，在他心目中沒有人的美貌能超過索拉。但聽到水手們形容克拉卡美貌時的語氣，也不由得想看個究竟。

瑞格納命兩個心腹去弄清真相，如果農家女真的貌若天仙，就請她上船吃飯，但有個前提，她上船時，既不能穿著衣服，也不能袒身露體，既不能吃了食物，也不能餓著肚子，既不能單身赴宴，也不能有人作陪，以藉此測試她的聰明智慧。

兩位心腹來到克拉卡面前，馬上就意識到同伴的描述絕對屬實。他們對克拉卡躬身道：「美麗的克拉卡小姐，感謝妳為我們艦隊烹製可口的麵包。作為答謝，國王瑞格納想邀請妳到船上共進晚餐。」接著說了赴宴的要求。克拉卡略一沉吟，便答應次日赴宴。

第二天，克拉卡放下盤起的秀髮，除去身上的衣物，用一張大魚網將自己裹了幾層，嘴裡咬著一塊蘋果，帶著牧羊犬登上了瑞格納的船，符合了瑞格納的要求。瑞格納被克拉卡的天生麗質和敏捷才思打動，自愛妻去世後一直被封印多年的愛火瞬間燃燒了起來，而克拉卡也對瑞格納一見鍾情。

克拉卡洗去塗在臉上的鍋底灰。

他們回到瑞格納的城堡舉行了盛大的婚禮。當天晚上瑞格納要與克拉卡親熱，克拉卡卻要他等三天，理由是這樣會招致不祥。箭在弦上的瑞格納認為這是無稽之談，沒有理會，拉著妻子雲雨了一番。

由於有了上次的教訓，瑞格納在新婚後不敢在家久待，馬上就出海劫掠以給奧丁輸送英靈。在此期間他們的第一個兒子伊瓦爾（Ivar）出生了，但就像克拉卡擔心的那樣，儘管他長相英俊，智慧超群，卻天生患有軟骨症，無法站立的他出行得靠輪椅，但他運籌帷幄，深謀遠慮，因而又被稱為「無骨者伊瓦爾」。

之後，克拉卡又生下了孿生兄弟比亞恩（BjörnIronside）和赫維瑟克（Hvitserk），第三胎生下了烏巴（Ubba）。他們精通各種武藝，英勇無比，有乃父之風。看到同父異母的哥哥埃里克和奧格納早已開始海盜生涯，每次出海都能劫獲大量錢財，還能贏得崇高聲譽，伊瓦爾也想和兄弟們一起揚名四海，就向父親坦言心意，而瑞格納也給了他們一些船隻和人馬，讓他們前去海上建功立業。

冰島沿海的維比特城是一個靠進出口中轉貿易而發展起來的富饒城邦，這座城邦防守森嚴，固若金湯，連瑞格納都未曾攻克，因此伊瓦爾決定先從它下手，若是可以攻克維比特城，得到的聲譽和收益必定可以贏過父輩。

維比特城難以攻克的原因是有兩頭魔牛鎮守，牠們憤怒的咆哮聲能讓敵人心魂震顫。伊瓦爾讓所有戰士都用蠟封住耳朵，以遮擋魔牛的咆哮聲。當他們攻城時，城裡照例放出了魔牛，其咆道總有一天，我的意中人會率領艦隊來解救我，而女武神布倫希爾德的女兒也只會嫁給最勇敢的國王。不久之後，我會生下一個有著蛇瞳的兒子，這影子跟我父親希格爾德殺死的毒龍一模一樣，你必須用我父親的名字來為他命名。」

蛇瞳希格爾德

果然沒多久，亞絲拉琪就生下了有著蛇瞳的希格爾德，自此瑞格納再也不敢妄想奧斯丁女兒的事。隔了很長一段時間，由於瑞格納既沒有迎娶伊爾法，也沒有給奧斯丁任何說法。奧斯丁和女兒覺得受到了奇恥大辱，寫了一封信給瑞格納，宣告與其決裂。

瑞格納跟索拉生的兩個兒子埃里克和奧格納，本來就對奧斯丁女兒勾引父親一事感到不滿，現在奧斯丁挑明了翻臉，他們決定先來個下馬威，於是召集人馬率先攻打奧斯丁。奧斯丁在應戰時將部隊分為三股，其中一股正面跟敵人糾纏，另外兩股埋伏在側翼負責找機會夾擊敵人。埃里克和奧格納見敵人數量不多，還且戰且退，不由得輕敵冒進，誰知四起的伏兵切斷了他們的退路。同時奧斯丁放出魔牛，怪吼之聲把士兵們嚇得魂飛魄散，四處逃逸。開戰不久，奧格納便戰

海默爾將克拉卡藏在豎琴中四處漂泊以躲避追殺。

死了，而埃里克則被敵人的盾牌圍起來後活捉。

埃里克被五花大綁帶到了奧斯丁面前。奧斯丁提出條件，「你們的父親違背婚約，讓我和女兒顏面盡失。但如果你能娶我女兒為妻，我就饒你性命，我們兩國也可重修於好。」

埃里克怒道：「即便我哥哥沒被你殺死，我也不會娶一個被父親拋棄的妖女，更何況，我的哥哥被你殺了。你這個暴君，我的兄弟會來殺了你的！」

奧斯丁冷笑一聲，「既然如此，那就怪不得我了。」埃里克道：「我根本就不懼死亡，但如果你還有一絲領導人的氣度的話，就應該根據國際公約讓我的兵士安全返回國內。」

礙於瑞格納的顏面，奧斯丁只好答應了他的要求。埃里克在受刑前取下一只金臂圈交給他的一個心腹，要他交給繼母亞絲拉琪，並向全家人祝福。隨後他被巨型投石車拋上了天，落在了整整一個軍團所豎起的長矛上。

當埃里克的侍衛把臂圈和噩耗帶回國後，王后亞絲拉琪流出了鮮紅色的血淚，她的幾個兒子都決定為同父異母的哥哥報仇，連剛三歲大的希格爾德都迫切地想上陣。於是伊瓦爾在國內招募了許多勇士，率軍殺向奧斯丁的領地，而奧斯丁照常帶上魔牛應戰。伊瓦爾知道魔牛為敵軍提供了很強大的攻擊力，只要先殺了魔牛，消滅敵軍就易如反掌了。

但當魔牛向他們衝過來時，他才發現這隻魔牛的體型比維比特城的魔牛大了不少。伊瓦爾讓所有士兵都用蠟封住耳朵，並高聲叫喊來掩蓋魔牛的吼叫。但魔牛的吼聲遠遠高過士兵的吶喊聲，且吼叫著向伊瓦爾他們發足狂奔過來。伊瓦爾的軍隊不免有些亂了陣腳，於是他馬上叫手下他這件帶著魔法的衣服能抵禦任何兵器的攻擊，千萬不可脫下。

瑞格納登陸英格蘭後，兩艘巨艦卻因起火而焚毀。破釜沉舟、背水一戰的瑞格納只得殺向英國腹地。英國國王艾拉（Aella）率兵應戰。在開戰前，他嚴令部下只能生擒瑞格納，不可傷害他。因為奧斯丁事件讓他明白，哪怕只是動了瑞格納一根寒毛，他那些兇悍無比的兒子都勢必會對英格蘭展開血腥報復。

交戰時，瑞格納的部隊以一當十，讓英國士兵傷亡不少。戰場上凡是被瑞格納長劍砍中的人都頃刻倒地而亡，因為劍上沾的巨蛇血有附魔的效果，而亞絲拉琪叮囑他穿上的衣服，更讓他刀槍不入。但即便他有通天法力，也無法抵擋大量前仆後繼的英國軍隊，慢慢地，瑞格納的部隊被消耗殆盡，精疲力竭的他也被敵人用盾牌圍起來動彈不得，最後被活捉帶到了國王艾拉面前。艾拉問他是誰，他不發一言。於是艾拉將他投到蛇坑裡，叮囑部下，如果他說出瑞格納下落，就拉他上來。

可他一入蛇坑，所有毒蛇便都避著他，原來是他身上的魔法衣服起了效用。艾拉見狀，便命人剝去他的衣服後再投入蛇坑。於是毒蛇爬滿了他的每一寸肌膚，開始噬咬著他。隨著毒液在他體內擴散，他知道接受奧丁召喚的時候到了，於是他開始吟唱他一生的赫赫戰功，以及與兩任妻子的愛情故事。艾拉這才確定這個戰俘就是海盜王瑞格納，趕忙命人將他拖出蛇坑。可瑞格納已經毒發身亡了。

這下子艾拉麻煩大了，瑞格納的兒子一定會來復仇，說不定整個國家都會覆滅。最後，他決定派遣使者跟瑞格納的遺孀和兒子議和，並願意為瑞格納的意外死亡賠償。雖說重賞之下必有勇夫，但當大家知道是要出使民風剽悍的丹麥後，皆是摸摸鼻子，不敢出聲。最後，在多次提高懸賞金額後，終於有兩個勇士願意出使丹麥。艾拉特意讓他們留意瑞格納的幾個兒子在聽到父親死訊時的反應。

無骨王伊瓦爾的復仇大計

伊瓦爾四兄弟從南歐滿載而歸後，知道父親已經揚帆出征英國，便商議是否帶領人馬助父親一臂之力。亞絲拉琪和伊瓦爾認為，瑞格納之所以獨自出征就是為了獲得屬於自己的勝利，把榮譽看得比生命還重要的他，也會獨自承擔失敗的後果，這時候若出手相援，對他來說是最大的侮辱。

正在兄弟們猶豫之際，英國使者突然求見。而來使告知了他們父親瑞格納的噩耗後，眾人頓時呆若木雞。片刻後，伊瓦爾問來使自己的父親是如何死去的，來使將當時的情景重述一遍，並說英王願意為這次意外事故做出賠償。此刻，所有人心中莫不充滿了巨大的悲慟和憤怒，甚至想要殺了使者，但伊瓦爾隨即冷靜下來，下令任何人都不得傷害使者，並給了他們返航所需的物資，讓他們安然返回英格蘭。

伊瓦爾在英國來使離開後，才把父王的死訊告訴母親亞絲拉琪。亞絲拉琪雖然萬分悲痛，卻儘管艾拉對在牛皮大小的土地上修建城堡持完全懷疑態度，但聽到伊瓦爾保證不會有任何政治和軍事企圖後，還是簽署了和解書。

簽約後，伊瓦爾馬上宰殺了一頭大得不能再大的牛，將牛皮鞣製成革，再將其割為極細的牛皮條後，結成了一根牛皮繩。他用這根長得不可思議的牛皮繩在河畔圈了一塊面積極大的土地。至此，艾拉方知中計，但礙於合解書，又無可奈何。

伊瓦爾在圈定的土地上修建了比英王皇宮還豪華的宮殿，並理所當然地成為領主。他讓周圍的農民遷移到他的領地耕種，並免除了他們頭三年的稅賦。而原本周圍不堪艾拉重稅的貧農都移民到了伊瓦爾的領地，開始過起安居樂業的生活。伊瓦爾鞏固了勢力以後，便派人到丹麥要弟弟將自己的財產帶來英國。

有了資金，伊瓦爾經常邀請英國的王公貴族來到城堡。他慷慨仗義，廣交朋友，對英國各諸侯出手闊綽。漸漸地，他已將觸手伸到了英國各個地區的各個階層。英國各路諸侯都接受了伊瓦爾不少好處，他們向伊瓦爾保證：一旦他與英王交戰，他們一定會按兵不動，保持中立。

見時機成熟，伊瓦爾便派密使通知丹麥的弟弟，要他們全力攻打英國。直到此時，伊瓦爾的弟弟才知道哥哥隱忍不發，是為了等待此時給予艾拉致命一擊。弟弟們馬上組織艦隊，渡海攻打英國。艾拉聽說希格爾德三兄弟已經登陸英國，馬上下令召集人馬應戰。但各路諸侯都恪守與伊瓦爾的諾言，按兵不動。艾拉只能帶領少數軍隊應戰，而伊瓦爾則帶著自己的部隊與艾拉並肩作戰。

艾拉看見伊瓦爾助陣十分吃驚，但伊瓦爾說：「陛下，我曾許諾絕不對你動用武力，你不用擔心我臨陣倒戈，幫助弟弟攻打你。」

艾拉讓伊瓦爾命令弟弟退兵，但伊瓦爾說：「我在與你議和時，就將王位讓給了弟弟希格爾德，現在他才是丹麥最高統治者。但我可以憑著手足之情去勸說他們，讓他們罷兵言和。」艾拉趕忙同意。

伊瓦爾來到希格爾德的營地，卻對弟弟說：「艾拉現在的兵力非常薄弱，你們就進攻吧。」然後伊瓦爾回到艾拉身邊，對他說：「我的弟弟們對和解和賠償完全不感興趣，他們只想替父親報仇。但你放心，我會信守承諾，絕不會幫助弟弟攻打你。」艾拉聽了略感放心。但伊瓦爾又說：「但我也不會手足相殘，跟弟弟交手。」艾拉這時才知道，伊瓦爾的中立跟各路諸侯的中立一樣，就是在把他往死裡逼。在交戰中，丹麥的軍力多出英國幾倍。雖然艾拉的衛隊竭力反擊，但好比螳臂當車，一下就被殺得七零八落，潰不成軍。艾拉在逃跑中被亂箭射中，伊瓦爾命人將艾拉綁在一塊巨石上，用鉤子鉤住他的肋骨，一左一右撕開了胸腔，然後將他扔進了父親當年喪命的毒蛇坑，說：「這是我給父親遲來的、但也是他最期待的祭奠！」

戰，可以投降並讓出王位。」羅里克見收買不起作用，慌忙退回宮中召集侍衛應戰。但是沒多少人肯為這位嗜財如命的國王效忠，他只召集到一些騙吃騙喝的混混來協助自己保衛王位。哈爾夫和手下的精兵良將輕而易舉就擊敗了這位昏君和他的黨羽，並把他聚斂的錢財分給了士兵和貧苦百姓。

哈爾夫對人友善慷慨，一時間迅速吸引了大批能人志士、英雄豪傑為他效命。挪威的國勢漸漸變得強盛。一天，一個名為沃爾格的年輕武士逕自來到哈爾夫的王座前對他說：「早就聽說哈爾夫是北方最偉大的國王，可我卻看到坐在王座上的是一隻渡鴉。」

哈爾夫哈哈一笑，道：「謝謝你給我取了個如此響亮的名號。」然後遞給沃爾格一只金臂圈。沃爾格把臂圈戴在右臂上，然後把左手藏在背後，接著舉起右臂說：「對於一個太久沒有獲得賞賜的人來說，有這樣一個禮物也不錯。」

哈爾夫好奇地問：「你為何將左手藏在背後？」

沃爾格答道：「因為光禿禿的左手羞於與它打扮得光鮮華麗的夥伴為伍。」

哈爾夫哈哈大笑，又賞賜了一只臂圈給他戴在左臂。看到哈爾夫如此器重自己，沃爾格按照傳統儀式，走到皇室族柱前宏聲宣誓，「我尊敬的國王，如果有人殺害你，我一定用他的人頭為你獻祭！」

哈爾夫非常賞識機智勇敢的沃爾格，給了他一批人。沃爾格也不負眾望，將這批人訓練成戰鬥力超強且誓死效忠哈爾夫的剽悍軍隊。

渡鴉王哈爾夫。

一天，哈爾夫接受繼父阿迪爾斯的邀請前去拜訪。他在路上還認為自己會從繼父那裡得到饋贈，因為繼父迎娶母親時沒有給他聘禮。阿迪爾斯熱情地接待了妻子和前夫的兒子，在王宮中設宴款待哈爾夫和隨行人員。阿迪爾斯一邊暢飲，一邊大肆向對方宣揚自己的光輝戰績。然後無禮地問哈爾夫：「你認為自己最大的優點是什麼？」

哈爾夫答道：「也就是耐力超出常人而已。不知道閣下有什麼傑出的優點啊？」

阿迪爾斯道：「我最大的優點就是慷慨，我覺得這是身為君主的基本修養和品德。如果閣下不反對，我倒想看看你那過人的忍耐力。」說完吩咐手下把一大堆柴火丟在哈爾夫面前的火堆上。烈焰撲面而來，哈爾夫的衣服馬上就烤焦了。哈爾夫靈機一動說道：「不如我們到花園裡把火燒旺些，以免燒壞房子。」接著他拔劍砍倒身邊的一根柱子，踩著柱子跑了出去。一越過火堆，哈爾夫就笑道：「現在我能否見識閣下的慷慨啊？」

阿迪爾斯豈甘示弱，他命人拿來許多黃金，連同自己祖傳的金臂圈一起送給了哈爾夫。哈爾夫道：「感謝閣下將迎娶我母親時未付的聘禮贈給我。」然後就上馬飛奔而別。哈爾夫騎馬奔出不遠，就發現阿迪爾斯率兵追了上來。哈爾夫命人把剛才獲贈的金塊撒在地上，對方士兵紛紛下馬拾取金塊。阿迪爾斯斥責部下，「先追趕敵人，追到了我會把黃金賞給你們。」

漸漸的，阿迪爾斯的人馬又要追上哈爾夫了。哈爾夫就將金臂圈朝馬後拋去。阿迪爾斯唯恐祖傳臂圈被馬蹄踏壞，讓追兵停了下來。哈爾夫狂笑道：「今天充分見識了您的慷慨。感謝您在送我貴重禮物後，還依依不捨地護送我這麼遠。」

渡鴉王之死

遠走他鄉的哈爾德王子後來來到瑞典，跟一個名叫斯庫爾德的公主結婚。斯庫爾德極力慫恿哈爾德回國推翻哈爾夫，奪取本不屬於他的王位。他們暗中集結人馬，伺機發動戰爭。

有一次，哈爾夫邀請堂兄回國，並設宴盛情款待，但哈爾德讓自己的士兵暗藏在隨行船隻中，自己只帶了幾個隨役赴宴。

夜宴持續到深夜，哈爾夫體力不支便先行退席就寢。哈爾德隨後到岸邊召集暗藏的部隊上岸，包圍了王宮。但哈爾夫手下有個將領剛好準備出宮幽會，發現了包圍王宮的人馬。他馬上轉身回宮喚醒國王，告知他王宮被圍。哈爾夫迅速召集了宮中軍隊前來應戰。

哈爾夫的衛隊衝向宮外的敵人，跟哈爾德的軍隊廝殺了起來。由於哈爾德有備而來，而哈爾夫的軍隊則是倉卒應戰，且很多是從晚宴的大醉中醒來，戰鬥力大打折扣。漸漸地，國王的衛隊數量越來越少，但卻無人退縮，都用死亡來兌現自己效忠國王的誓言。雖然最後哈爾夫仍然接受了奧丁召喚，飛升到了英靈殿，但他的衛士還是守在他倒地的屍體邊，戰至最後一人倒下。

消滅了哈爾夫和他的軍隊後，哈爾德坐上了期盼已久的王座，再也不想下來。隨後他舉行了一個盛大的宴會慶祝自己登基。酒足飯飽後，他問道：「是否還有哈爾夫的部下？我會給歸降者極好的地位與財富。」

當哈爾德身邊的人告訴他前任國王的部屬都戰死在其身邊時，一直未露面的沃爾格站出來說：「還有一個！」

哈爾德問：「你願意為新國王效勞嗎？」

「我願意。」沃爾格答道。

哈爾德抽出長劍，用劍尖指著沃爾格問：「那你用胸口貼著劍尖宣誓吧。」

沃爾格說：「只有對著阿斯嘉特的諸神起誓才要胸口貼著劍尖。在王宮裡都是手握劍柄發誓。」哈爾德一想，自己再大也不能越過天上的諸神，就掉轉長劍，讓沃爾格手持劍柄。誰知道沃爾格緊握劍柄，用盡全力刺進了哈爾德還在大吃大喝的嘴裡。這個殘殺手足、篡位謀亂的暴君就死在了他戀戀不捨的王位上，死的時候還帶著詫異和不情願的表情。

哈爾德的侍衛圍住了沃爾格。沃爾格仰天長嘯一聲，坦然敞開胸膛道：「我效忠國王時就發誓會殺掉害他的人，現在我已經為他報了仇。你們要殺要剮，動作快點！」言畢，數支長劍洞穿了沃爾格的身軀。

不久後要將雅爾哈康投入獸欄餵熊。危急時刻，獨眼老者再度出現，教給他脫逃的計謀，並約好了脫逃後碰面的地點。

到了晚上，守衛開始飲酒作樂。雅爾哈康在籠中哼唱歌謠為守衛助興，順便消除他們的戒心。待守衛酒足飯飽後，雅爾哈康便低聲講起他的海上冒險故事。守衛被他的故事吸引，便待在籠邊聽他說著。慢慢地，幾個守衛都睡著了，他便解下守衛腰間的鑰匙，打開囚籠，尋回長劍，然後走向洛克的獸欄，殺死了籠中圈養的黑熊，挖出熊心熊膽飽餐一頓，在勇氣和力量劇增後，他馬上趕往和老者約定的會合地點。

老者已騎馬在那兒等候，他讓雅爾哈康上馬坐在他背後，用布條蒙眼，並叮囑他在停下來之前千萬不可睜眼觀望。接著，老者就騎馬飛縱而起，雅爾哈康聽到耳邊颼颼颳過的寒風，就知道老者是用著極快的速度前行。他心想後面又沒有追兵，為何老者還要如此趕路？於是撥開布條環顧四周，發現下方是一片一望無際的雲霧，卻聽不到一點馬蹄聲。由於四周沒有任何物體，無法判定行駛的方向。但他可以肯定，他們在不停升高。後來他看到身下波光粼粼，知道自己已經飛到了幾萬英尺的雲層之上。雅爾哈康鳥瞰觀賞著，沒有一絲畏懼。最後他們在一座高聳入雲的山頂上下了馬，而看得興起的雅爾哈康已完全忘了老者之前的警告。獨眼老者回頭見雅爾哈康居然掀開布條，露出了一隻眼睛，不由得低喝道：「膽子不小，居然敢睜眼偷看卻沒有墜馬。」說完，遞給雅爾哈康一只酒杯。

老者道：「這裡面的東西能使凡人中毒身亡，卻也能使英雄脫胎換骨。你只要將毒藥喝下去，我就能看出你是凡人還是英雄了。」

雅爾哈康欣然接過酒杯，將毒藥喝得一滴不剩，喝完瞬間覺得渾身好像有火在灼燒一樣，他明顯感覺到自己的力量變得強大，雖然還是人類的軀殼，但體內卻像巨人一樣有著無窮的力量。

老者欣喜說道：「果然沒有辜負我的期待！現在你兼具智、勇、力、膽，當今世間無人同時擁有這四種能力，你不要辜負我的厚望。」說完就瞬間消失在雅爾哈康面前。

隨後雅爾哈康憑藉自己的威望組建了一支艦隊，報了殺父之仇，也收復了丹麥，繼承了王位，一時間得到了所有男人都想要的榮譽與威名。某年夏天，他跟瑞典為海上航線交戰，一路所向披靡攻進了瑞典腹地。一天晚上他的軍隊在一條大河邊安營紮寨，他晚上下河去洗澡，剛跳入水中就見一頭怪獸向他游來。他立即躍出水面，拔出岸邊的佩劍砍殺了怪獸。他把怪獸屍體拖回營中，並向部屬誇耀自己過人的勇氣和精湛的劍術。這時營中突然冒出一個老婦斥責他，「你空有一身蠻力，卻不問是非，捕殺了我們這條河的聖獸，你將為此遭到詛咒。」話音剛落，老婦就像晨霧一樣消失了。很快她的詛咒便生效了，雅爾哈康行軍所到之處完全得不到糧草補給，士兵只能殺掉戰馬充饑，還有大批士兵餓得跑到森林中以野蘑

雅爾哈康率領的丹麥軍隊遭遇瑞典軍隊。

落酒水，露出了腳踝上的金臂圈。

公主馬上問道：「我的臂圈原來在你腳上啊？」

雅爾哈康說：「原來在我腳上套環的就是妳啊。」

找到答案的羅爾頓激動萬分，將雅爾哈康帶到了父王面前，向大家講述了雅爾哈康的英勇事蹟。

哈爾肯於是對眾人宣布，「這位手刃巨人、拯救公主的英雄，就是我女兒選定的丈夫。」在眾人的歡呼聲中，雅爾哈康自豪地做了自我介紹。眾人聽到他的姓名和身分時無不驚歎，包括哈爾肯和羅爾頓。哈爾肯為女兒能嫁給強國國王而喜不自禁，馬上順勢讓酒宴變成了婚宴。國王娶了公主，從此過上了幸福快樂的日子。

奧丁給予雅爾哈康的祝福

就這樣一直過了很多年。一天，雅爾哈康獨自在壁爐前烤火。火爐邊的地面上突然冒出了一個美麗的女子，她的裙襬上有許多鮮豔的花朵。雅爾哈康上下打量了她一番，正要開口問她來歷，對方卻搶先開口問道：「想知道在這極冷的北國冬天，為什麼我裙邊有不謝的鮮花嗎？」好奇的雅爾哈康點了點頭，只見美女猛然掀起長裙罩住了他，他一下就被帶入了另一個前所未見的怪異空間。

他們先經過了一段雲遮霧繞的地方，然後順著羊腸小徑來到一片生機盎然的綠地，上面開滿了像美女裙襬上那樣的鮮花。綠地盡頭的幽谷中有一道千丈飛瀑，隨著飛瀑沖流下來的水中還有刀槍劍戟。他們逆著飛瀑來到一條寬廣的河道，岸邊有兩隊人馬正在搏命廝殺。看著刀光劍影、血肉橫飛的場面，一旁觀看的雅爾哈康有點躍躍欲試。他問身邊女子，「這些人都是何方神聖？」

那女子答道：「他們都是在人世間陣亡的戰功卓著的英雄。死後來到這裡，在享受醇酒美人之餘，一如當年一樣征戰不息。」

雅爾哈康道：「死後能和這麼多志同道合的英雄一道，那簡直比活著還暢快。」說完，雅爾哈康漸漸覺得意識模糊。

等他清醒過來時，發現自己依然坐在壁爐面前。原來剛才的美女是奧丁手下的女武神，他剛才去的地方是神界的彩虹橋和英靈殿。雅爾哈康知道，奧丁是在嫌他這幾年不思進取，於是馬上帶著嬌妻回國準備征戰。返航途中，他看到數次救他於水火之中的獨眼老者站在岸邊，便馬上停船，親自把老者請到了船上。隨後幾天，老者在棋盤上移動棋子，教他如何行軍布陣，還從隨身布袋中拿出一套弓箭送給他，並對他說：「有了我傳授給你的兵法和弓箭，你將戰無不勝，攻無不克。除了你自己，誰也無法殺死你。」

自那以後，雅爾哈康攻城略地，無往不勝。在滅國無數後，他將矛頭對準了曾經讓他吃敗仗的瑞典國王沃爾夫。有了奧丁加持的雅爾哈康已今非昔比，輕鬆地就將沃爾夫斬於馬下，然後為的海盜船長。他不僅遺傳了其父的體型和武藝，也遺傳了巨人喜劫女人的習性。但與其父的習性不同，他的品味較高，一般的庸脂俗粉入不了他的眼。在一次討伐冰島的戰爭中，他將冰島公主沃麗（Unnr）搶上了船。誰知道公主愛上了斯多爾克，還為他生下一個兒子。斯多爾克就用父親的名字斯塔爾卡德為他命名。

後來，沃麗的兄弟在斯多爾克停靠在岸邊時前來復仇，看到妹妹居然為敵人生下了後代，一怒之下放火燒死了他們。因為上岸洗澡而僥倖存活的斯塔爾卡德被哈拉爾德收養，長大後成了一名戰士和吟遊詩人。他將哈拉爾德一生的事蹟編成歌謠四處傳唱，還跟哈拉爾德的外甥西格德．赫林成為好朋友。

後來哈拉爾德在跟西格德的戰爭中死去，丹麥被瓜分。斯塔爾卡德只好和西格德的信使普拉尼之子維卡爾（Vikarr）繼續海盜生涯。一次，他們在海上遭遇多日風暴，認為是天神發怒，應該向奧丁獻祭，否則必然葬身海底。但他們在海上被困多日，連食物都沒有，哪來的祭品？最後，他們用傳統的辦法決定由維卡爾作為祭品。眾人雖然不忍，但也只能決定次日執行。

到了晚上，熟睡的斯塔爾卡德在睡夢中被普拉尼的亡魂喚醒，隨後他被帶到了一個明亮縹緲的地方。那裡有棵被十二塊巨石圍繞的參天大樹，巨石上都分別端坐了一個人，其中一位手中握著一柄大鎚的紅鬍大漢正怒視著自己。當其他人把帶他來的普拉尼叫作奧丁時，斯塔爾卡德無比詫異。原來他的魂魄已被帶到了阿斯嘉特。

奧丁開口道：「今天召集大家來是為了決定斯塔爾卡德的命運。」這時那手持大鎚的紅鬍大漢發言了，「他是那個淫亂老巨人斯塔爾卡德的後代，像這樣一個血統骯髒的人，不應該在人世間多待一秒鐘。」

斯塔爾卡德知道這是擊殺自己巨人祖父的雷神索爾。奧丁說：「那也是上幾代的事了。何況這個孩子驍勇善戰，為我們神界輸送了不少英靈戰士。我認為可以延長他的生命，讓他為神界輸送英靈，就以一般人的三倍為限吧。」

索爾嚷道：「我們得對他的行為做規限，以免他像祖父那樣為禍人間。在他超越常人的三倍時間裡，如果他作惡超過三件，就人神共誅之。」奧丁道：「既然他文采斐然，就讓他做個吟遊詩人吧。同時，他會得到最銳利的武器和最堅固的甲冑，成為一個偉大的戰士。」索爾便嗆道：「但他永遠無法建立自己的國家，無法擁有土地。只能做個吟遊詩人和武士。」奧丁說：「他會得到比身邊所有人還多的財富。」索爾補一刀說：「但他還是會缺衣少食，飽受饑渴凍餓之苦。」奧丁說：「他可以在敵陣中力敵萬人，常勝不敗。」索爾唱衰說：「但為此他要付出巨大的傷痛。」奧丁說：「他會成為各國王公貴族的座上嘉賓。」索爾則回道：「但普通百姓會像躲避瘟疫一樣避著他，讓他得不到任何幫助和半點友誼。一生中的大部分時間都在孤獨中度過。」

奧丁和索爾就這樣譜寫了斯塔爾卡德的人生劇本，並交給命運三女神結為命運繩結。

斯塔爾卡德看著自己的一生就這樣被定調，對諸神既敬又畏，既惶恐又欣慰，一時間百感交集。最後，奧丁讓斯塔爾卡德回到船上，並對他說：「你也看到諸神對你的態度了，是我為你爭取了不少利益。所以明天你不能阻止他們將維卡爾獻祭給我。」斯塔爾卡德只好答應。臨走時，奧丁給了他一根蘆葦。

次日，大家依然被風暴搖醒。雖然船上的人都不願意拿敬愛的船長維卡爾獻祭，但怕觸怒奧丁又不得不獻祭，所以大家折中地決定把維卡爾象徵性地吊一會兒。於是他們冒著風雨停在一個小島上，在島上找了一棵不高的杉樹，讓維卡爾站在樹下的酒桶上，並在他脖子上套了根細細的牛腸子，拴在杉樹最細的一根枝條上，還綁了個活結，想象徵性地絞死他來為奧丁獻祭。

依照傳統，斯塔爾卡德持蘆葦碰了碰維卡爾胸口，像尋常祭祀那樣喊道：「奧丁，現在我們把他奉獻給你。」誰知這枝蘆葦突然變成了長矛，尖銳的槍頭一下刺穿了維卡爾的胸膛；同時，那根纖細的牛腸馬上變成了結實的繩索，柔弱的樹枝頓時粗大堅固無比，矮小的杉樹突然長高，將維卡爾吊在了半空，維卡爾就這樣在大家面前被獻祭給了奧丁。

斯塔爾卡德看見自己把朋友送上了西天，才知道奧丁和諸神已經開始控制他的一生了。他頓時對自己充滿憎恨和厭惡，雖然周圍的人們並未多說什麼，但從他們的眼神裡，他知道自己已經被他們所鄙視。此時海面回復風平浪靜，但斯塔爾卡德已經無法和曾經生死與共的同伴一起回國了，他放逐了自己，開始了流浪生活。

他穿梭各國，為國王充當雇傭軍，替他們征服其他國家。他為野心家充當賞金獵人，替他們報仇雪恨。只要是有利可圖的事，就算風險再大，他都會做。他洗劫了愛爾蘭國庫，獲得了「海盜之王」的稱號，還獲利頗豐，但隨後他裝載財寶的船隻卻觸礁沉沒，他辛勞半生卻一無所有，後來只好投靠烏普薩拉（Uppsala）國王弗羅迪（Frodi），為其效力。

弗羅迪非常高興有這樣一個威震八方的勇士為自己效勞，因而十分器重他，讓他統領一支艦隊。他們兩個人超越君臣的友誼，在弗羅迪死後中斷。後來繼位的英格爾德（Ingeld）驕奢淫逸，沉溺於宴樂酒色，毫無其父之風。斯塔爾卡德羞於與其為伍，就離開了這個國家。

弗羅迪的女兒哈爾嘉（Helga），看見哥哥英格爾德窮奢極欲，疏於國事，而且沉迷於溫柔鄉。一開始她還會替哥哥感到羞恥，但漸漸地，哈爾嘉也對哥哥的荒淫作為習以為常了。有一次，哈爾嘉在後宮花園涼亭中撞見哥哥和一女子尋歡作樂，也開始想要起而效仿。有一次，英格爾德請了位年輕英俊的金匠進宮打造首飾，春心蕩漾的哈爾嘉在金匠甜言蜜語的挑逗和誘惑下偷嘗了禁果，沉溺其中不能自拔。

斯塔爾卡德雖然身在異國，卻因為與弗羅迪的友情一直留心烏普薩拉國的事情。當他獲知朋友女兒的所為後，暴跳如雷，決定替亡友管教女兒。

斯塔爾卡德祕密潛回烏普薩拉國，跟隨哈爾嘉來到金匠家，然後拉下帽簷遮住臉，背靠門框坐下來。金匠以為他是沿街乞討的流浪漢，便高聲喝斥，打算趕他走。但斯塔爾卡德置若罔聞，他坐在門檻上，金匠既趕不走他，又關不了門，急於跟公主幽會的金匠拿他沒辦法。在欲望刺激下，色膽包天的金匠竟然在沒關門的屋裡當著斯塔爾卡德的面跟公主調情。

看到了門口的斯塔爾卡德，公主覺得有些面熟，不免有些尷尬，便推開金匠，讓他把流浪漢趕出去。斯塔爾卡德氣得一把甩掉帽子，拔出了佩劍。膽小的金匠嚇得奪路而逃。斯塔爾卡德來到哈爾嘉面前，狠狠地給了她一個耳光。這一下打得她清醒了過來。從那天起，哈爾嘉痛改前非，開始表現出高貴公主應有的言行，挽回了自己的聲譽。

有鮮花，就會招惹浪蝶。丹麥豪門子弟安格提爾（Angaterus），其兄弟九人均是好色好鬥的無賴之徒。他聽說哈爾嘉風情萬種，便來到烏薩拉國向哈爾嘉求親。怎料已經洗心革面的哈爾嘉嚴詞拒絕了心懷不軌的安格提爾，甚至就連昏君英格爾德也沒有正眼看過他。安格提爾惱羞成怒，出言侮辱哈爾嘉。

哈爾嘉為自己過往的生活流下了悔恨之淚。英格爾德雖然荒淫，但哪能容許別人在自己面前侮辱妹妹，他正要揮手命人將安格提爾拖下去刀斧手伺候時，一轉眼又想到其家族勢力，殺了他必然引發兩國戰爭，而自己根本不會領軍作戰，到時候必敗無疑，這樣的話，自己就不能天天在後宮玩樂了，所以只能把他逐出國境。

安格提爾在被逐出王宮時，惡聲威脅，「我得不到的東西，其他人也休想得到。不信走著瞧。」

不久，年輕的挪威國王赫爾瓦（Helgo）聽聞哈爾嘉洗心革面，大為欣賞，便遠道而來向她求婚，英格爾德和哈爾嘉都對他很滿意，便答應了這樁婚事。

然而，安格提爾聞訊後豈肯善罷干休，便決定發出挑戰書，打算跟赫爾瓦決鬥，只是他在挑戰書上寫的是安格提爾兄弟對決赫爾瓦，也就是說，他要和八個兄弟一起迎戰赫爾瓦，並將決鬥日期定在婚禮後的第一個早上。明知這是一場不公平的決鬥，且自己絕無生還機會，但若是自己不應戰，那些無賴會侮辱自己和妻子的家族榮譽，於是他還是接受了挑戰。

哈爾嘉提醒他：「既然那個無賴可以帶上他的八個兄弟，你也應該帶上幫手，我想到一個合適人選：你可以去向我父親的生前好友斯塔爾卡德求助，他武藝高強，而且念在舊情，一定會出手相助。」

赫爾瓦遂去鄰國找斯塔爾卡德，必恭必敬地邀請他出席婚禮。斯塔爾卡德為故友的女兒有了好歸屬而慶幸，但他拒絕參加婚禮。他對赫爾瓦說：「告訴你妻子，我很高興她帶給我好消息。但我向來厭惡吃喝玩樂之事，婚禮我就不去了。」

赫爾瓦情急之下道出苦衷，「曾經被哈爾嘉拒絕的安格提爾一直懷恨在心，這次他以兄弟九人的名義向我挑戰，我如不接受挑戰，必背上懦夫之名，但如果孤身應戰，必無生還機會。我不畏戰死，只擔心哈爾嘉才剛新婚就要遭受喪夫之痛，所以特意前來懇請您在這場不公平的決鬥中助我一臂之力。」

再也沒有比與人搏命，而且是以少敵多更能誘惑斯塔爾卡德了。他馬上隨同赫爾瓦回到烏普薩拉國。婚禮的場面極為盛大，鄰近各國的王公貴族都前來慶賀，當然安格提爾兄弟也在其中，只是礙於周圍人多和自己的身分，不敢放肆。

第二天早晨，赫爾瓦因貪睡誤了決鬥時間，斯塔爾卡德便獨自去決鬥地點應戰。到達決戰地點，斯塔爾卡德發現對手還沒到，就坐在地上抓起蝨子來。過了一會兒，安格提爾兄弟來了，他們只看到坐在面前的老頭，沒看到赫爾瓦，就吼道：「老鬼，赫爾瓦躲在老婆裙子裡面不敢出來了吧？」

「對付你們這些膿包，一個人就夠了。」斯塔爾卡德撓著頭說。

安格提爾怒道：「老東西，我們一個個地跟你來。不然別人會說我們欺負老頭子。」

誰知安格提爾的一個弟弟剛拔出劍就被斯塔爾卡德斬首。餘下的八個人見勢不妙，一下就將斯塔爾卡德圍在中間。但這些紈袴子弟哪裡會是對手，當安格提爾九兄弟都倒下時，連斯塔爾卡德都認為勝利來得太快了。

斯塔爾卡德殺死好友的懊悔

當年西格德打敗了舅舅哈拉爾德後，將丹麥的大部分土地分封給了一個叫賀加的諸侯。視自由和榮譽為生命的丹麥人不甘心當亡國奴，就聯絡前國王哈拉爾德的另一個外甥兼斯科納國王奧洛（Olo），讓他幫忙解放他們。

奧洛覬覦丹麥領土許久，只是苦無機會。此時一有機會，便馬上發兵攻打賀加，同時賀加統治下的丹麥人裡應外合，賀加只好把自己的領地割讓給奧洛。但奧洛不僅沒有像先前約定的那樣，讓丹麥人在戰後自治，反而更加貪婪地剝削丹麥人。於是丹麥人又有了剷除奧洛的想法，卻苦於無此能力，最後是由列尼烏斯（Lennius）請斯塔爾卡德來幫忙。

斯塔爾卡德在少年時期就跟奧洛是好朋友，能夠接近奧洛，喜愛決鬥打殺的斯塔爾卡德當然應允，而且丹麥人開出的條件更是讓他無比暢快，但他也知道，奧洛的武藝不在自己之下，而且最厲害的就是那雙銳利的眼睛，一般人一旦與那雙有催眠效果的眼睛對視，就會心生恐懼。斯塔爾卡德認為，卸載一切武裝或許是最好的時機，於是他便決定趁奧洛沐浴時出現。但即便是斯塔爾卡德這樣身經百戰的勇士，在碰到奧洛的目光時居然也膽戰心驚。奧洛怕自己懾人的目光傷害老友，就用手擋住眼睛問：「老朋友，好久不見啊。有什麼急事嗎？」斯塔爾卡德趁機走近奧洛：「我沒什麼急事，但你死期到了。」說完就抽出長劍刺進了奧洛的心臟。

事後，斯塔爾卡德對自己利用朋友的信任而殺掉對方的行為感到悔恨萬分，他既怕別人知道自己的惡行，又對誘惑他殺死老朋友的列尼烏斯感到憤恨，就把列尼烏斯給殺了。

漸漸地，斯塔爾卡德在痛苦、悔恨和迷茫中迎來了第三生的暮年。他已老得無力征戰，人們也漸漸淡忘他的光榮事蹟。他寫下的光輝詩篇再也無人哼唱。他不願像旁人那樣無痛老死，但求死在刀劍之下。

他用盡一切方式引起別人的殺機。他一出門就會在腰間佩帶兩把長劍，在脖子上掛上滿滿一袋黃金——那是刺殺奧洛所得。他希望有人能謀財害命殺掉他，這樣就能減輕謀殺好友的負罪感。但這樣一位腰彎背駝、幾近失明的老人，誰能對他動殺機呢？即便他對旁人惡言相向，旁人還是會同情他，攙扶他回家。這讓一心找死的斯塔爾卡德比死還難受。

一天，他在街上看到有人策馬狂奔，就迎面對著馬匹顫顫悠悠地跑過去。騎士一看不妙，便使勁拉起轡繩躲避，結果引得馬失前蹄，自己摔了下來。這人站起來正想發作，一看到對方是名年邁的老人，只好拍拍身上的塵土準備離開。

斯塔爾卡德見對方轉身要走，就刺激他道：「懦夫，連我這樣的老人都不敢面對嗎？跟我決鬥吧！如果你贏了，就會擁有至高的榮譽。你知道我是誰嗎？」接著，斯塔爾卡德就唱起了謳歌自己豐功偉績的長詩。

騎士聽完，知道了這個老頭就是自己的殺父仇人——原來這個騎士就是曾經雇傭斯塔爾卡德殺死奧洛，卻反被斯塔爾卡德殺死的主謀者之子——哈德爾（Hather）。

斯塔爾卡德知道哈德爾的身世後，覺得死在他手下再合適不過，這樣既可以了卻自己的心願，還可以讓對方復仇。於是他說：「你殺了我不僅能替父親報仇，還能得到我脖子上掛的這袋謀殺奧洛所獲的佣金。」說完，他把劍扔給哈德爾，伸長了脖子說：「砍吧，如果你在我頭落地前，從我頭與軀幹之間跳過，你以後就可以刀槍不入了。」

哈德爾雖然有點害怕這個巨人，但重金誘惑再加上替父親報仇的心理，讓他心一狠，砍下了斯塔爾卡德的頭。但他不相信詭計多端的斯塔爾卡德會有如此好心，所以沒有從他的頭和軀幹之間跳過去。隨後，哈德爾就地厚葬了斯塔爾卡德，並在殺死他的地方豎立了一座石碑，記錄他一生的故事與功績。

奧特羅娜女王的心計

丹麥王國中有日德蘭（Jutland）和斯科納兩個諸侯國，其中斯科納由奧特羅娜女王統治，而日德蘭則是希格沃法王的領地。奧特羅娜是個精通魔法、工於心計的女人，她對權力有超強的欲望。當她聽說宗主國丹麥的王后去世，而作為王位繼承人的國王獨子尚未婚配時，就想利用自己傾國傾城的姿色和高貴血統奪取丹麥的王權，先成為丹麥國王的妻子，再除掉王子奧格爾，自己稱王。於是一場超完美的陰謀在女王的操縱下開演了。

日德蘭王希格沃法的公主希格利特正值如花似玉的年紀，高貴優雅的公主自然有眾多仰慕者，但這位高傲的公主從來不用正眼瞧任何男人。一天，希格沃法叫來愛女，提醒她應該要對自己的婚姻大事更積極一點，但希格利特卻發誓說：「我只挑選能吸引我目光的那個男人做自己的丈夫。」

奧特羅娜女王知道此事後，趁著出訪日德蘭國的機會，造訪了這位公主。希格利特本來就對這位蜚聲國際的女王尊崇備至，現在她親自造訪，更是讓她倍感榮幸。奧特羅娜的迷人風韻和魅力深深吸引了這位渴望早日成熟的公主。女王在臨別前對公主說：「我有一瓶祖傳的魔法水，用它洗過

死的公主陰差陽錯地來到了奧格爾的領地。希格利特希望能憑藉丹麥王子的勢力返回故土，但根本不知道幾天前救她的青年武士就是丹麥王子。雖然希格利特在叢林中遭受磨難後，衣衫破爛不堪，但她的高貴氣質是無法掩蓋的，所以奧格爾宮中的貴族婦女對她熱情接待。她們堅信她是某個沒落貴族的後裔，便特別讓她擔任王子的仕女，希望她有朝一日能得到王子寵幸，恢復家族榮譽。

奧格爾得知父王馬上就要結婚，自己卻求愛失敗，所以不願回首都，就回到了自己的領地。奧格爾見新來的侍女每次服侍他時，都會拉下頭巾遮住雙眼，後來得知此女從不正眼看異性，他便對這個不奢望榮華富貴的孤傲侍女心生愛慕，決定娶她為妻。

希格利特見到王子後，馬上認出他就是在山洞中解救自己的年輕勇士。由於怕自己的目光對奧格爾造成不可逆轉的後果，她每次見奧格爾時都會用頭巾遮住雙眼。不久後，希格利特聽說了王子馬上就要結婚的消息，萬分痛苦，卻無法在奧格爾面前表明自己的真實身分。

婚禮當天，大家把奧格爾簇擁到新郎的座位上，而一旁新娘的座位卻是空的，這也讓眾人大為不解。奧格爾向嘉賓解釋說，新娘是日德蘭王希格沃法的公主希格利特，因為海上的風雨耽擱了行程，明天早上就會趕到。希格利特聽到此言，既驚又喜，更覺得奇怪，而婚宴也就在女主角缺席的情況下進行到深夜才結束，奧格爾讓希格利特手持燭火扶他進房。進房後，奧格爾推說頭昏躺到了床上，並要希格利特把蠟燭送到他手中。心慌意亂的希格利特手持燭火上前，奧格爾一口就吹滅了燭火。

黑暗中，奧格爾在希格利特耳邊說：「雖然妳在我面前蒙上了頭巾，但其實我很早就知道妳是山洞中的公主了。」即便如此，希格利特依舊緊閉著雙眼。

「妳害怕什麼呢？我沒有霜巨人那般猙獰恐怖的外表。親愛的，睜開眼看看我吧！」奧格爾道。

「親愛的，我曾用魔法水洗過眼睛，欲圖強迫我的人會被變成飛禽。你當初在山洞裡面看到我的頭髮被巨石壓住，就是因為巨人將我頭髮綁在了他身上，但後來被我的目光化作了巨石。我怕睜開眼看了你之後，會失去你。」恐懼爬上了希格利特的臉。

爭強好勝、天性愛冒險的奧格爾笑道：「我跟霜巨人不一樣，他是強迫妳，但我是愛妳的。我相信妳的目光不會把我變成石頭。」

在奧格爾的一再勸說下，希格利特忍不住睜開了眼睛。她看見奧格爾注視著她的雙眼，形體上沒有任何變化，不由得喜極而泣。片刻後，激動無比的奧格爾拉著希格利特的手步入大殿，要向眾人宣布喜訊。

誰知一到眾人面前，挽著希格利特的奧格爾突然變成了一隻天鵝。希格利特見狀昏了過去，天鵝愣了半晌，在希格利特身邊哀鳴了幾聲後就飛走了。

聖矛武士布蘭休法

王子變天鵝的消息迅速傳遍了丹麥。丹麥王室議會以用魔法加害王儲的罪名拘捕了希格利特，並將她押解到首都審判。

老國王雖然為兒子的不幸感到萬分悲痛，但他並不認為是希格利特有意加害王子。為了不破壞和日德蘭王的關係，他把希格沃法也請到了首都，並對他說明自己的意見，「儘管議會指控希格利特有罪，但我不同意以世俗的辦法來對她進行審判。我覺得應該由正義之神雷神來評判。到時如有守衛阿薩神祠的聖堂武士出來捍衛希格利特的榮譽，並戰勝禁軍教頭特拉孟法親王，就能證明她是無辜的，我會收她為義女。作為對她失去丈夫的補償，我還會主婚，讓她嫁給那個拯救她的聖堂武士。」

希格沃法把國王的決定告訴了愛女，並安慰她雷神定會為她主持公道。希格利特堅信阿薩眾神會站在她這一邊，所以並未為審判擔心。

審判日當天，議會正在海邊對希格利特進行宣判時，海面上一隻白天鵝拖著一船划了過來。船中有一位金盔金甲的英俊武士，他是阿薩神祠中的聖矛武士布蘭休法。布蘭休法未等船停穩，就飛身上岸，來到丹麥國王面前，先揮矛以示禮節，然後高呼，「陛下，希格利特公主是無罪的。我將用我手中的聖矛來證明她的清白。若有人不相信，我可以和他決一勝負。」

國王讓丹麥最威猛的勇士特拉孟法親王和布蘭休法比武。布蘭休法手舞聖矛，幾下就擊敗了特拉孟法親王。於是國王宣布希格利特無罪，並將其收為義女，還賜婚於布蘭休法。

布蘭休法讓王后奧特羅娜深深不安。她怕布蘭休法跟希格利特婚後會受到國王的器重，這樣她的奪權計畫就難以實現了。而每每當她注視布蘭休法時，也會發現對方正盯著自己，他的眼神讓自己心中非常惶恐。

布蘭休法收回投向王后的目光，來到了希格利特面前。希格利特被布蘭休法的獨特氣質吸引。她將自己的目光深深投入到布蘭休法眼中，而布蘭休法也用熾熱的目光對視著她，身體並沒有被石化或獸化。他的目光讓希格利特感覺無比溫暖舒適，彷彿春風拂面。

布蘭休法托起希格利特的下巴，輕柔地吻了她的雙眼，然後俯首在她耳邊說：「妳的眼睛再也不會有邪惡的魔法，而且施魔之人以後一定會受到懲戒。」

布蘭休法深情地注視著希格利特的雙眼說：「關於我的出身來歷是我必須恪守的祕密，如果妳願意嫁給我，希望妳不要問我這些事情。」

「我不介意你的過去，那些過去也不會比我們往後的愛情重要。」希格利特的眼神比話語更讓布蘭休法信任。國王很快為他們舉行了盛大的婚禮，王后奧特羅娜親自為希格利特梳妝打扮，她隨口問道：「如今妳有了布蘭休法，還會想奧格爾嗎？」

希格利特對這個問題毫不迴避，她從容笑道：「見到布蘭休法後，我心中被他的形象給填滿了，我現在是真的愛他。而回想奧格爾的形象，就像回憶幾天前的夢一樣，是那樣的模糊不清。」

「布蘭休法英武俊美，各方面都比奧格爾強，但有一點不知道他會不會比奧格爾強？」王后故意欲言又止。

「哪一點？」希格利特追問。

「當然是他的出身了。他為什麼把自己的來歷隱瞞得如此緊密？有什麼不可告人的祕密嗎？你們既然都結婚了，告訴妳又何妨呢？」

希格利特沉思片刻後說：「他若沒有高貴的血統，怎麼會有這樣的武功、談吐和氣質？再說，神祕也是種魅力啊！」雖然希格利特這麼回答，但奧特羅娜卻從她的眼神感受到了動搖，王后知道目的已經達到，便不再多說什麼。

布蘭休法的來歷

婚後希格利特跟布蘭休法度過了一段甜蜜的時光，但隨著時間推移，布蘭休法原本讓希格利特著迷的神祕魅力，卻慢慢變成了痛苦折磨。她越來越在意丈夫的過去，他是誰？來自什麼地方？他以前做過什麼？她每一天都比昨天更想知道答案，於是希格利特開始旁敲側擊地詢問布蘭休法的身分。

時間一長，布蘭休法知道如果不對妻子表明自己的真實身分，她是不會甘心的。於是，他對希格利特說：「妳和所有人都會知道我的來歷的，但我要當著國王的面說出來。」

第二天，布蘭休法就像當年他首次現身一樣，頂盔戴甲，手持聖矛，來到了王宮大殿。他神情莊重地對著眾人說：「今天我要向大家宣布我的來歷。我來自供奉了阿薩諸神神像和聖物的聖城赫爾格。我是聖堂武士的首領，人們稱我聖矛武士。我手中的武器是奧丁的聖矛，我的職責是守護雷神的酒杯。我在人間遊歷時，也會完成雷神所賦予的驅除邪惡的任務。但這些都是我發誓必須恪守的祕密，一旦洩漏，聖物和守護者就不能駐足人間。如今，我無法再對最親密的妻子隱瞞自己的身分，所以今天只能在這裡對她說出真相。」

布蘭休法沉痛地對希格利特說：「親愛，我要走了。」希格利特哭著拉住他的衣袖，懇求他不要走。但布蘭休法揮動聖矛，割斷了衣袖，接著跳上了船。而此時希格利特已經悲痛地昏了過去。

布蘭休法在船上大聲說：「在離開之前，我還要了結一件事。奧特羅娜，妳靠玩弄手腕當上了王后，誘騙希格利特用妳的魔法水洗眼睛。之後又借刀殺人，讓希格利特除掉了王子，還讓她承受了不應該有的痛苦和審判。等到國王去世後，無人繼位，妳就能順利登上王位。現在，我決定讓奧格爾王子回來。」說完，他揮動聖矛，刺死了拉船的天鵝。

奧特羅娜王后大叫一聲倒地而亡。而被刺死的天鵝變回了奧格爾，他飛快地穿過人群，將昏倒的希格利特擁在懷中。這時一隻巨隼從天而降，抓起縴繩將大船和布蘭休法帶上了天空，消失在眾人仰望所不能及之處。

D

Dag　達格

Draupnir　德羅普尼爾手環／奧丁（武器）

Druid　德魯伊

Dvalin　杜瓦林

E

Edda　艾達

Egil　艾吉爾

Einherjar　英靈戰士

Einmyria　艾米莉亞

Eira　艾拉

Eiríkr　埃里克

Eisa　艾莎

Eldir　埃爾迪爾

Eliudnir　悲慘宮

Erna　艾娜

F

Fadir　法蒂爾

Fafnir　法夫尼爾

Fenrir　魔狼芬尼爾／洛基之子

Fensalir　霧海之宮

Fialar　費雅勒

Fimafeng　費瑪芬格

Fjalar　法亞拉

Folkvangr　福爾萬格

Forseti　凡賽堤，公正之神

Freki　獵犬（狼）弗雷奇，暴食之意

Freyja　芙雷雅，愛神、繁育及戰爭女神

Freyr　弗雷，豐饒、社稷之神

Frigga　芙麗嘉

Frodi　弗羅迪

Fulla　芙拉

G

Galar　戈拉

Ganglati　遲緩

Ganglot　怠惰

Garm　地獄犬加姆爾

Gefjon　格芙瓊

Geirrod　蓋洛德（王子）；蓋羅德（巨人）

Gerd　葛德

Geri　基利，貪欲之意

Gilling　吉陵

Ginunaga　金倫加，無底深淵

Giuke　古爾克

Gjallarhorn　加拉爾號角／海姆達爾（武器）

Gjoll　冥河

Gladsheim　金宮

Gleipnir　縛狼繩，格萊普尼爾

Glut　格羅特

Gna　蓋娜

Gnitaheid　格尼泰海德山脈

Gondul　戈恩多爾

Goth　哥德王國

Grani　格蘭尼

Greip　格蕾普

中英譯名對照表

A

Aegir　伊吉爾，海上風雨之神
Aella　艾拉
Aesir　阿薩神族
Afi　亞菲
Agnar　安格納（冰島王子）
　　　奧格納（瑞典王子）
Ai　艾依
Aki　阿奇
Alf　埃爾夫
Alfheim　亞爾夫海姆，精靈國度
Alsvid　太陽馬阿爾斯維
Alsvider　月亮馬奧斯維達
Alvis　阿爾維斯
Amma　亞瑪
Andhrímnir　廚神安德里蒙
Andvari　安德瓦利
Andvarinaut　安德瓦利之寶／吸金指環
Angaterus　安格提爾
Angrboda　安格爾波達
Arvak　太陽馬阿爾瓦克
Asgard　阿斯嘉特
Aslaug　亞絲拉琪
Attila　阿提拉
Audhumbla　巨母牛歐德姆布拉
Austri　奧斯特，東

B

Baldur　巴德爾，光明之神
Baugi　巴烏吉
Bergelmir　貝爾格米爾
Bestla　貝斯特拉
Bifrost　彩虹橋
Billing　比林
Bilskirnir　畢爾史基尼爾，閃電宮
Bjorne Ironside　比亞恩
Böðvild　柏斯薇德
Borghild　博格希爾德
Borr　包爾
Bragi　布拉基，詩詞、智慧、雄辯之神／奧丁之子
Brisingamen　布里希嘉曼項鍊／芙蕾雅（飾品）
Brock　布魯克
Brynhildr　布倫希爾德
Buri　布里，北歐諸神始祖

Ivald　伊瓦爾德
Ivar　伊瓦爾

J

Jarl　雅爾
Jarnvid　鐵森林
Jord　喬德
Jormungandr　耶夢加德，大蛇／洛基之子
Jothuheim　約頓海姆，巨人國度
Jutland　日德蘭

K

Karl　卡爾
Kraka　克拉卡，烏鴉之意
Kvasir　克瓦希爾

L

Laevateinn　勝利之劍／弗雷（武器）
Landvidi　蘭德維迪宮，廣土之意
Lennius　列尼烏斯
Lerad　萊拉德，世界之樹最高枝
Lif　利弗
Lifthrasir　利弗詩拉希爾
Lofn　洛芬
Logi　羅吉
Loki　洛基，火神、惡作劇之神
Lygni　李格尼

M

Managarm　瑪納加爾姆
Mani　瑪尼，月亮之神
Megingjord　力量腰帶／索爾（武器）
Midgard　中土世界，米德加爾特
Midgard Serpent　中土巨蛇
Mimir　密米爾，智慧巨人，智慧之泉
Mjollnir　雷神之鎚／索爾（武器）
Modgud　莫德古德
Modir　莫迪爾
Muninn　慕靈，記憶之意
Muspelheim　穆斯貝爾海姆，烈焰之國
Myrkheim　斯瓦塔爾海姆，黑暗原野

N

Nanna　南娜，女神
Narve　納爾弗
Nastrond　死屍之壑，納斯特隆
Nerthus　娜瑟斯
Nibelung　尼伯龍
Nidhogg　尼德霍格，啃食樹根的毒龍
Níðuðr　尼德哈德
Niflheim　尼夫爾海姆，霧之國
Njord　尼爾德，華納神族領袖、海洋之神
Nordri　諾德，北
Norn　命運三女神，諾恩
Nornagesta　諾恩納格斯塔
Norvi　諾威
Nott　諾特，夜之女神

Grid　格莉德
Grima　格利瑪
Grimhild　格莉希爾德
Grimnir　格里姆尼爾
Gro　古蘿
Gudrun　古德露恩
Gullfaxi　古爾法克西
Gullinbursti　金鬃／弗雷（坐騎）
Gullveig　古爾薇格，女巫師
Gungnir　永恆之槍／奧丁（武器）
Gunnar　岡納
Gunnlod　格蘿德
Guttorm　古托姆
Gymin　基米爾

H

Hæmingr　赫明
Hagal　哈加爾王
Halfdan　哈夫丹
Hamond　哈蒙德
Harald Hårfagre　哈羅爾
Harlad Hildetan　哈拉爾德，戰牙
Hather　哈德爾
Hati　天狼哈提
Hedinn　赫丁
Heidrun　蜜乳山羊海德倫
Heimdall　海姆達爾，守護神
Heimer　海默爾
Hel/Hela　海拉，冥后／洛基之女
Helga　哈爾嘉
Helge　海爾格
Helgo　赫爾瓦
Helheim　赫爾海姆
Heligoland　赫里戈島，神聖之島
Hermod　赫爾默德
Hervor　赫爾薇爾（王后）；
　　赫爾薇爾（女武神）
Hildr　希爾德
Hiordis　赫爾蒂斯
Hlathguth　荷拉斯古絲
Hlin　赫琳
Hodr　霍德爾，黑暗之神
Hogni　霍格尼
Honir　海尼爾
Hraesvelgr　赫拉斯瓦爾格，食屍巨魔
Hreidmar　赫瑞德瑪
Hrungnir　赫朗格尼爾
Hugi　胡吉
Huginn　胡金，思想之意
Hunding　亨丁
Hvergelmir　赫瓦格密爾之泉
Hvitserk　赫維瑟克
Hymir　希米爾

I

Iarngreiper　鐵手套／索爾（武器）
Idavoll　愛達華爾
Idawald　伊達瓦爾德平原
Idun　伊登，青春之神
Ifing　伊芬河
Ingeld　英格爾德
Ingjald　英喬德

Thor　索爾，雷神
Thora　索拉
Thrall　索拉爾
Thrud　思洛德／索爾之女
Thrudgelmir　瑟洛特格彌爾
Thrudheim　魯特德海姆，
力量的世界之意
Thrymr　索列姆
Thyr　希爾
Trondheim　特魯海姆王國
Tyr　提爾，戰神

U

Ubba　烏巴
Úlfdalir　狼谷
Ullr　烏勒爾
Unnr　沃麗
Uppsala　烏普薩拉
Urd　烏爾德，命運三女神（大姐）
Utgarda　烏特加德堡
Utgarda-Loki　羅契

V

Vak　瓦克
Vala　瓦拉
Valhalla　英靈殿
Vali　瓦利，復仇、園藝之神，
奧丁之子
瓦力，洛基之子
Valkyrja　女武神，瓦爾基麗
Vanaheim　華納海姆
Vanir　華納神族
Ve　菲／奧丁之弟
Vedfolnir　維德佛尼爾，獵鷹
Verdandi　薇兒丹蒂，命運三女神
（二姐）
Vidar　維達，森林之神／奧丁之子
Vikarr　維卡爾
Vili　維利／奧丁之弟
Vitellius　維特利亞斯
Vjofn　約芬
Volsung　沃爾松格
Völundr　沃蘭德

W

Well of Urd　烏爾德，命運之泉
Westri　維斯特，西

Y

Yggdrasil　世界之樹
Ymir　尤彌爾，霜巨人始祖

Z

Zealand　西蘭島

O

Odin　奧丁，阿薩神族領袖
Odr　奧多爾
Olaf　歐拉夫
Olo　奧洛
Olrun　奧爾露恩，女武神
Orlog　奧洛格
Otter　奧特爾

R

Ragnar Lodbrod　瑞格納·洛德布羅克
Ragnarok　諸神的黃昏
Ratatoskr　拉塔托斯克，松鼠
Regin　萊金
Rerir　雷里爾
Rig　里格
Rindr　琳達，嚴冰女神
Roskva　洛斯克芙
Rune　盧恩符文

S

Saehrimnir　西赫林爾
Sagas　薩迦斯
Sessrymnir　斯靈尼爾宮
Sif　希芙，土地和收穫女神／索爾妻子
Siggir　希吉爾
Sigi　希吉
Sigmund　希格蒙德
Signy　希格妮
Sigrun　希格露恩
Sigurd　希格爾德
Sigurd Hring　西格德·赫林
Sigyn　希格恩
Sindri　辛德里
Sinfiotli　辛菲特利
Skadi　斯嘉蒂
Skåne　斯科納
Skidbladnir　斯基德普拉特尼神船／弗雷（武器）
Skirnir　史基尼爾
Skoll　斯庫爾
Skrymir　斯克里米爾
Skuld　詩寇蒂，命運三女神（小妹）
Slagfiðr　斯蘭格斯
Sleipnir　斯萊普尼爾／奧丁（坐騎）
Snor　司諾
Sol　蘇爾，太陽之神
Starkad　斯塔爾卡德
storvirkr　斯多爾克
Sudri　蘇德，南
Surtur　蘇爾特爾，火巨人
Suttungr　蘇圖恩
Svadilfari　斯瓦迪爾法利，神駒
Svartalfheim　斯瓦塔爾海姆
Svalin　斯瓦林，巨盾

T

The Billow Maidens　揚波之女
Thialfi　瑟亞非
Thiazi　夏基
Thokk　索克

北歐神話
神族、巨人、符文與世界之樹的冰火起源

作　　者　何鵬
封面設計　白日設計
編輯協力　呂佳真
內頁設計　高巧怡
行銷企劃　蕭浩仰、江紫涓
行銷統籌　駱漢琦
業務發行　邱紹溢
責任編輯　何韋毅、吳佳珍
總 編 輯　李亞南
出　　版　漫遊者文化事業股份有限公司
地　　址　台北市松山區復興北路331號4樓
電　　話　(02) 2715-2022
傳　　真　(02) 2715-2021
服務信箱　service@azothbooks.com
網路書店　www.azothbooks.com
臉　　書　www.facebook.com/azothbooks.read
營運統籌　大雁文化事業股份有限公司
地　　址　台北市松山區復興北路333號11樓之4
劃撥帳號　50022001
戶　　名　漫遊者文化事業股份有限公司
初版一刷　2021年3月
初版六刷 (1)　2023年10月
定　　價　台幣330元
I S B N　978-986-489-422-2

國家圖書館出版品預行編目 (CIP) 資料

北歐神話：神族、巨人、符文與世界之樹的冰火起源／何鵬著. -- 初版. -- 臺北市：漫遊者文化事業股份有限公司出版：大雁文化事業股份有限公司發行，2021.03
328 面；15×21 公分
ISBN 978-986-489-422-2（平裝）
1. 神話　2. 北歐
284.7　　109022068